Marco Gradi

Inefficienza della giustizia civile e «fuga dal processo»

Commento del decreto legge n. 132/2014
convertito in legge n. 162/2014

MARCO GRADI

Inefficienza della giustizia civile e «fuga dal processo»

Commento del decreto legge n. 132/2014
convertito in legge n. 162/2014

Edizioni Leone
Messina 2014

Copyright © 2014 by Marco Gradi

All rights reserved. This book or any portion thereof may not be reproduced or used in any manner whatsoever without the express written permission of the publisher except for the use of brief quotations in a book review or scholarly journal.

Data di pubblicazione: 6 dicembre 2014

ISBN 978-1-326-10394-1

Edizioni Leone
Via Giovanni Grillo n. 69
98123 Messina, Italia

https://unime.academia.edu/MarcoGradi

Il presente commento a prima lettura è servito come testo per la relazione presentata nell'ambito del Seminario di studi «La riforma della giustizia civile tra criticità e nuove opportunità», organizzato dall'Ordine degli Avvocati di Barcellona Pozzo di Gotto in collaborazione con l'Associazione italiana Giovani Avvocati – A.I.G.A., Sezione di Barcellona Pozzo di Gotto, svoltosi il 3 dicembre 2014.

Messina, 5 dicembre 2014

INDICE SOMMARIO

Premessa *1*

1. Passato e futuro delle recenti riforme processuali *1*
2. Finalità del decreto legge e «filosofia del litigio»............................. *4*
3. Elogio del «processo elegante».. *10*

I. *Misure per l'«efficienza» del processo di cognizione*................................. *13*

    1. Effetti sostanziali della domanda giudiziale sul saggio degli interessi. *13*
    2. La compensazione delle spese per «giusti motivi»......................... *18*
    3. Sospensione feriale dei termini e ferie dei magistrati.................... *21*
    4. Passaggio dal rito ordinario al rito sommario di cognizione.......... *22*
    5. Accesso alle informazioni per la ricostruzione dell'attivo e del passivo. *24*

II. *Misure per l'«efficienza» del processo esecutivo* *27*

    1. Le principali novità *27*
    2. La ricerca delle cose e dei crediti da pignorare.............................. *28*
    3. Partecipazione del creditore alle operazioni di ricerca *32*
    4. Esito positivo della ricerca e obblighi informativi del debitore..... *33*
    5. Spese dell'indagine.. *37*
    6. Ricerca dei beni ai fini del sequestro conservativo e nei procedimenti relativi alla ricostruzione dell'attivo e del passivo (in materia di famiglia, di gestione di patrimoni altrui e di procedure concorsuali) *40*
    7. Espropriazione di beni mobili registrati (automobili, motoveicoli e rimorchi)... *45*
    8. Espropriazione presso terzi *47*
    9. Iscrizione a ruolo del processo esecutivo e inefficacia del pignoramento *52*

10. Infruttuosità dell'espropriazione forzata e chiusura anticipata del processo esecutivo 56
11. Altre disposizioni in materia di procedure esecutive e concorsuali .. 57
   a) *Impignorabilità dei beni* 57
   b) *Modalità della vendita immobiliare* 58
   c) *Beni mobili estranei all'espropriazione immobiliare* 58
   d) *Monitoraggio delle procedure esecutive e concorsuali* 60

III. *Passaggio dal processo all'arbitrato* «pendente lite» 63

1. Trasferimento in sede arbitrale dei processi pendenti 63
2. Istanza congiunta di arbitrato e patto compromissorio 67
3. Nomina degli arbitri e processo arbitrale 68
4. L'arbitrato «sostitutivo» dell'appello 73
5. Compensi degli arbitri 81

IV. *Negoziazione assistita e accordi sulle «crisi coniugali»* 83

1. Procedura di negoziazione assistita da uno o più avvocati 83
2. Convenzione di negoziazione 84
3. Negoziazione obbligatoria e condizione di procedibilità 87
4. Rapporti tra procedura di negoziazione assistita, procedimento di mediazione e altre procedure speciali finalizzate alla conciliazione 90
5. Effetti sostanziali dell'invito a negoziare 91
6. L'obbligo di lealtà e la riservatezza della negoziazione 93
7. Rifiuto dell'invito a negoziare ed esito negativo della negoziazione .. 96
8. Accordo di componimento della lite a seguito della negoziazione 98
9. Procedura di negoziazione assistita da avvocati in materia di separazione e divorzio dei coniugi 103
10. Accordi sulle «crisi coniugali» davanti all'ufficiale dello stato civile. *108*

PREMESSA

SOMMARIO: 1. Passato e futuro delle recenti riforme processuali. – 2. Finalità del decreto legge e «filosofia del litigio». – 3. Elogio del «processo elegante».

1. – *Passato e futuro delle recenti riforme processuali.*

A brevissima distanza dalle modifiche in tema di «digitalizzazione della giustizia», introdotte con il d.l. 24 giugno 2014, n. 90, convertito, con modificazioni, in l. 11 agosto 2014, n. 114, il «mitico personaggio», come lo chiamava Andrioli (1), è di nuovo intervenuto sulla disciplina del processo civile, con il palesato intento di «semplificare», «accelerare» e «degiurisdizionalizzare» l'amministrazione della giustizia, con lo scopo di realizzare insomma – per il tramite di mere modifiche alle regole del processo – un miglioramento dell'efficienza del sistema processuale, che ormai da tempo versa in una situazione di crisi «grave e inquietante» (2).

Infatti, il d.l. 12 settembre 2014, n. 132 (3), che sotto alcuni profili aveva trovato la netta opposizione di autorevoli studiosi

---

(1) V. ANDRIOLI, voce *Presunzioni (diritto civile e diritto processuale civile)*, in *Noviss. Dig. it.*, vol. XIII, Torino, 1966, p. 767.

(2) Così, già quaranta anni fa, E. ALLORIO, *Trent'anni di applicazione del codice di procedura civile*, in *Commentario del codice di procedura civile*, diretto da E. ALLORIO, vol. I, Torino, 1973, p. XIII ss.

(3) Per un esame del d.l. n. 132/2014, con riferimento al testo anteriore alle legge di conversione, v. C. CONSOLO, *Un d.l. processuale in bianco e nerofu-*

del processo civile (4), è stato alla fine convertito in l. 10 novembre 2014, n. 162, sia pure con alcune modificazioni rispetto al testo originario (5). Il Governo ha inoltre annunciato

---

mo sullo equivoco della «degiurisdizionalizzazione», in *Corr. giur.*, 2014, p. 1173 ss.; A. BRIGUGLIO, *Nuovi ritocchi in vista per il processo civile: mini-riforma ad iniziativa governativa, con promessa di fare (si confida su altri e più utili versanti) sul serio*, in *www.giustiziacivile.com*, editoriale del 15 settembre 2014, p. 1 ss.; L. D'AGOSTO, S. CRISCUOLO, *Prime note sulle «misure urgenti di degiurisdizionalizzazione e altri interventi per la definizione dell'arretrato in materia di processo civile» (Commento al d.l. 12 settembre 2014, n. 132)*, in *www.ilcaso.it*, 2014, p. 1 ss.; S. IZZO, *Decreto legge 12 settembre 2014, n. 132 recante «Misure urgenti di degiurisdizionalizzazione ed altri interventi per la definizione dell'arretrato in materia di processo civile». Scheda di analisi a prima lettura con quadro sinottico delle modifiche apportate al codice civile, al codice di procedura civile e alle disposizioni attuative al medesimo*, Dossier di documentazione n. 11/2014, a cura dell'Ufficio Studi del Consiglio nazionale forense, in *www.cnf.it*, 2014, p. 1 ss.

(4) V. la petizione di M. BOVE, S. MENCHINI, P. BIAVATI, G. MICCOLIS, M. DE CRISTOFARO, *Chiediamo di ritirare il d.d.l. delega sulle riforme del processo civile, e di riconoscere i limiti del d.l. n. 132/2014 e la sua inidoneità a porre rimedio al problema dei tempi della giustizia*, che si può consultare in *www.change.org* [2 ottobre 2014], ove si rilevava, in particolare, che: «[n]on crediamo che sia con gli (...) interventi di cd. degiurisdizionalizzazione che si possa affrontare, e tanto meno eliminare, il problema dell'arretrato». Diversamente, per una valutazione più «ottimistica» del d.l. n. 132/2014, anche se nella consapevolezza dei suoi limiti, v. A. BRIGUGLIO, *Nuovi ritocchi in vista per il processo civile*, cit., p. 3 ss.; G. SCARSELLI, *Luci e ombre sull'ennesimo progetto di riforma del processo civile*, in *www.questionegiustizia.it*, 2014.

(5) A seguito delle modifiche apportate dalla legge di conversione, v. C. PUNZI, *La c.d. «degiurisdizionalizzazione» della giustizia civile*, in corso di pubblicazione in C. PUNZI, *Il processo civile. Sistema e problematiche, Le riforme del quinquennio 2010-1014*, contributi coordinati da G. RUFFINI, Torino, 2015, p. 1 ss. del manoscritto, che è stato possibile consultare per la cortesia dell'Illustre Autore.

In argomento, v. altresì S. IZZO, *Legge 10 novembre 2014, n. 162 di conversione, con modificazioni, del decreto legge 12 settembre 2014, n. 132 recante «Misure urgenti di degiurisdizionalizzazione ed altri interventi per la definizione dell'arretrato in materia di processo civile» (pubblicata in G.U. 10 novembre 2014, n. 261). Analisi a prima lettura con quadro sinottico delle modifiche apportate al codice civile, al codice di procedura civile e alle disposizioni attuative del medesimo*, Dossier di documentazione n. 13/2014, a cura dell'Ufficio Studi del Consiglio nazionale forense, in

l'intenzione di voler effettuare un ulteriore intervento sul processo civile, che dovrebbe essere affidato ad una legge delega per il momento circolata soltanto come schema provvisorio (6) e che sostituisce il pur recente disegno di legge presentato dal precedente Governo il 12 febbraio di quest'anno (7).

---

www.cnf.it, 2014, p. 1 ss.; per uno schema sintetico delle riforme, v. inoltre G. BUFFONE, *Legge 10 novembre 2014 n. 162*, in *www.ilcaso.it*, 2014, p. 1 ss.

In particolare, si segnala che, a seguito delle modifiche introdotte dalla legge di conversione, è stato soppresso l'istituto delle «dichiarazioni rese al difensore» (art. 257 *ter* cod. proc. civ.), con il quale si voleva consentire agli avvocati di raccogliere, prima dell'inizio del processo, dichiarazioni giurate dei «terzi» che sarebbero state poi utilizzabili ai fini della decisione nel successivo processo: per un commento di questa disciplina, ormai «scomparsa», v. C. CONSOLO, *Un d.l. processuale in bianco e nerofumo sullo equivoco della «degiurisdizionalizzazione»*, cit., p. 1179; A. BRIGUGLIO, *Nuovi ritocchi in vista per il processo civile*, cit., p. 18 ss.; L. D'AGOSTO, S. CRISCUOLO, *Prime note sulle «misure urgenti di degiurisdizionalizzazione e altri interventi per la definizione dell'arretrato in materia di processo civile»*, cit., p. 27 s.; S. IZZO, *Decreto legge 12 settembre 2014, n. 132*, cit., p. 9.

(6) Si tratta di uno «Schema di disegno di legge delega al Governo recante disposizioni per l'efficienza del processo civile», che può essere reperito, nella sua formulazione originaria, in *www.cnf.it* [2 settembre 2014]. Un testo aggiornato dello schema legislativo, contenente alcune modificazioni, può inoltre essere consultato, unitamente ad una bozza della relazione illustrativa, in *www.lanuovaproceduracivile.com* [22 novembre 2014]. Si rammenta peraltro che, a tal fine, il Governo ha anche costituito nel maggio 2014 un'apposita Commissione per la riforma del codice di procedura civile, presieduta da G.M. Berruti (c.d. Commissione Berruti). Per alcune riflessioni sui contenuti provvisori della c.d. «legge delega», v. C. CONSOLO, *Un d.l. processuale in bianco e nerofumo sullo equivoco della «degiurisdizionalizzazione»*, cit., p. 1173 s., che parla al riguardo di prospettive non «rosee».

(7) Ci si riferisce al disegno di legge n. 2092/XVII/C, che era stato peraltro preceduto da uno «schema di disegno di legge» di contenuto parzialmente difforme, nonché alle proposte presentate dalla Commissione presieduta da R. Vaccarella, che si possono consultare in *www.judicium.it* [10 dicembre 2013]; in proposito, v. il commento di B. CAPPONI, *A prima lettura sulla delega legislativa al Governo «per l'efficienza della giustizia civile» (collegato alla legge di stabilità 2014)*, in *Riv. trim. dir. e proc. civ.*, 2014, p. 361 ss.

Se questo affastellamento di riforme disorganiche, ovvero di progetti di riforma presentati, ritirati o anche solo annunciati, può forse un po' confondere e disorientare, va però subito precisato che l'obiettivo del presente commento è soltanto quello di offrire un esame critico della disciplina processuale di cui al decreto legge n. 132/2014, come emendato – s'intende – a seguito della legge di conversione n. 162/2014.

Sarà diviso in quattro sezioni, dedicate, rispettivamente: alle modifiche dirette a realizzare una migliore «efficienza» del processo di cognizione; alle misure adottate per rendere maggiormente «effettivo» il processo esecutivo; alla novità in materia di rapporti fra processo ed arbitrato, ossia alla possibilità di passaggio unidirezionale dall'uno all'altro *pendente lite*; e, infine, alle modifiche relative ai mezzi alternativi di componimento delle liti: la negoziazione assistita da avvocati e gli accordi sulle «crisi coniugali» presentati direttamente dinnanzi all'ufficiale dello stato civile.

2. – *Finalità del decreto legge e «filosofia del litigio»*.

Prima di procedere all'esame delle nuove disposizioni, è tuttavia opportuno osservare che il legislatore processuale del 2014 appare mosso da una duplice finalità: da un lato, quella di rendere più efficiente e snello il processo di cognizione e il processo esecutivo, al fine di ridurre la convenienza di strategie processuali basate su tattiche ostruzionistiche; dall'altro, quella di disincentivare le parti dal rivolgersi all'autorità giudiziaria, favorendo o talvolta anche imponendo come obbligatorio il ricorso ai mezzi alternativi di composizione della lite.

Nel primo senso, si devono rammentare le misure dirette a contrastare l'«inefficienza della giustizia civile», ossia finalizzate – in particolare – alla tutela del credito: a tale riguardo, è stato infatti elevato in maniera considerevole il saggio degli interessi moratori da computare dopo la proposizione della domanda giudiziale, mentre, in sede esecutiva, sono stati potenziati in modo significativo gli strumenti per l'individuazione dei beni da espropriare (8). Si tratta, insomma, di mezzi che rendono assai meno conveniente la «resistenza dilatoria del debitore in mala fede» (9) e che, dunque, possono essere apprezzati al fine del complessivo miglioramento dell'efficienza del processo civile.

Nel secondo senso, sono state invece introdotte misure per realizzare una sorta di «fuga al processo» (10), ovvero regole dirette ad evitare la decisione del giudice togato, ormai sovraccaricato da troppi fascicoli, con intenti insomma «deflattivi» del contenzioso giudiziario. A tale riguardo, il legislatore processuale introduce peraltro il neologismo di «degiurisdizionalizzazione», che sotto il profilo lessicale non appare una scelta

---

(8) A questo riguardo, la valutazione dell'intervento del legislatore appare positiva in dottrina: v. M. BOVE, S. MENCHINI, P. BIAVATI, G. MICCOLIS, M. DE CRISTOFARO, *Chiediamo di ritirare il d.d.l. delega sulle riforme del processo civile, e di riconoscere i limiti del d.l. n. 132/2014 e la sua inidoneità a porre rimedio al problema dei tempi della giustizia*», cit., secondo i quali «[i]l rafforzamento delle misure volte all'individuazione dei beni da pignorare, al pari dell'incremento degli interessi in pendenza della lite (quest'ultimo da assestare in relazione alla sfera soggettiva dei destinatari, alla misura del tasso e alla disciplina transitoria), sono provvedimenti che valgono ad incrementare l'effettività della sanzione»; in senso favorevole, ma con riserva di verificarne i benefici sul campo, C. CONSOLO, *Un d.l. processuale in bianco e nerofumo sullo equivoco della «degiurisdizionalizzazione»*, cit., p. 1174.

(9) Così, espressamente, M. BOVE, S. MENCHINI, P. BIAVATI, G. MICCOLIS, M. DE CRISTOFARO, *Chiediamo di ritirare il d.d.l. delega sulle riforme del processo civile, e di riconoscere i limiti del d.l. n. 132/2014 e la sua inidoneità a porre rimedio al problema dei tempi della giustizia*», cit.

(10) Secondo C. PUNZI, *La c.d. «degiurisdizionalizzazione» della giustizia civile*, cit., § 1, questa tendenza si inserisce nell'ambito del fenomeno della crisi del monopolio statale della giurisdizione, su cui v. N. PICARDI, *La giurisdizione all'alba del terzo millennio*, Milano, 2007, p. 13 ss.; C. PUNZI, *Dalla crisi del monopolio statale della giurisdizione al superamento dell'alternativa contrattualità-giurisdizionalità dell'arbitrato*, in *Riv. dir. proc.*, 2014, p. 1 ss.; ID., *Le nuove frontiere dell'arbitrato*, in corso di pubblicazione in *Riv. dir. proc.*, 2015, p. 1 ss.

particolarmente felice, oggetto dunque di comprensibile critica (11).

Quanto alle concrete misure prescelte, il legislatore fa innanzitutto ricorso ad un istituto inedito: il trasferimento in arbitrato delle liti pendenti, subito qualificato come «*escamotage* transeunte per smaltire l'arretrato» (12), anche se si dubita assai nettamente che questo strumento possa avere effetti significativi in tal senso (13).

Nondimeno, viene introdotto il nuovo istituto della negoziazione assistita che, con riferimento ai procedimenti di più modesta entità (*Bagatellverfahrens*), ma non solo, assurge a condizione di procedibilità della domanda giudiziale: si tratta però, anche in questo caso, di un'innovazione che assai difficilmente potrà dare gli esiti sperati in termini di riduzione del carico dei ruoli giudiziari (14), salvo gli effetti di brevissimo periodo deri-

---

(11) In particolare, v. F. DANOVI, *Il d.l. n. 132/2014: le novità in tema di separazione e divorzio*, in *Famiglia e dir.*, 2014, p. 949, il quale parla di vocabolo «linguisticamente ostico»; D. CERRI, *Vedi alla voce: «Degiurisdizionalizzazione» (trasferimento alla sede arbitrale di procedimenti pendenti)*, in *www.judicium.it*, 2014, p. 1, secondo il quale il termine è «ai limiti dello scioglilingua».

(12) A. BRIGUGLIO, *Nuovi ritocchi in vista per il processo civile*, cit., p. 8.

(13) Secondo M. BOVE, S. MENCHINI, P. BIAVATI, G. MICCOLIS E M. DE CRISTOFARO, *Chiediamo di ritirare il d.d.l. delega sulle riforme del processo civile, e di riconoscere i limiti del d.l. n. 132/2014 e la sua inidoneità a porre rimedio al problema dei tempi della giustizia»*, cit.: [i]l trasferimento delle liti in arbitrato è misura che troverà applicazione saltuaria e residuale, incapace di incidere in un qualunque modo statisticamente rilevante sullo smaltimento delle cause pendenti, e porterà non pochi problemi, soprattutto quando dovranno raccordarsi le impugnazioni alla provenienza della lite dal giudizio di appello». Per D. BORGHESI, *La delocalizzazione del contenzioso civile: sulla giustizia sventola bandiera bianca?*, in *www.judicium.it*, 2014, p. 25 s., il passaggio del contenzioso dalla sede giudiziaria a quella arbitrale rappresenta un «fallimento annunciato». In diversa prospettiva, per l'idea che il ricorso alle *ADR*, fra cui anche il trasferimento in arbitrato, sia «il cammino da intraprendere», benché perfettibile, v. invece V. VIGORITI, *Il «trasferimento» in arbitrato: l'inizio di un'inversione di tendenza?*, in *www.judicium.it*, 2014, p. 2 s.

(14) Ne dà un giudizio nettamente negativo C. CONSOLO, *Un d.l. processuale in bianco e nerofumo sullo equivoco della «degiurisdizionalizzazione»*, cit., p.

vanti dall'imposizione della nuova condizione di procedibilità, che preclude al massimo per qualche mese l'introduzione di nuove controversie giudiziarie, le quali però – assai probabilmente – finiranno comunque davanti al giudice togato.

Il punto cruciale dell'annosa questione consiste, in sostanza, nel seguente paradosso: che, come già avvenuto in passato, i *conditores legis* sembrano aver invertito i termini del rapporto virtuoso fra mezzi alternativi di composizione delle liti ed efficienza del processo civile. Non è affatto vero, insomma, che il problema dell'irragionevole durata dei giudizi possa essere superato incentivando il ricorso ai mezzi di *Alternative Dispute Resolution*, ovvero imponendo in maniera «forzosa» ai litiganti la «cultura» della mediazione e della negoziazione, in quanto, se il processo ha in effetti una durata eccessivamente lunga, la parte consapevole del proprio torto avrà un evidente interesse ad evitare qualsiasi accordo con l'avversario, proprio sfruttando il tempo del processo per ritardare l'adempimento alle proprie obbligazioni.

La verità è che – con una necessaria inversione di prospettiva – soltanto un processo efficiente e rapido, è in grado di spingere tale soggetto a superare il proprio «egoismo processuale» e a raggiungere un accordo con l'avversario, idoneo ad evitare la decisione del giudice: ciò si verifica, appunto, soltanto nel caso in cui il litigante «ribelle» si aspetti una sentenza certa

---

1777, per il quale la nuova «negoziazione assistita» costituisce una «scelta non solo non proficua (...), ma gravemente controproducente e foriera di nuove liti» sulla validità e sull'esecuzione delle convenzione di negoziazione, «che magari daranno luogo ... a nuove convenzioni!». Similmente, M. BOVE, S. MENCHINI, P. BIAVATI, G. MICCOLIS, M. DE CRISTOFARO, *Chiediamo di ritirare il d.d.l. delega sulle riforme del processo civile, e di riconoscere i limiti del d.l. n. 132/2014 e la sua inidoneità a porre rimedio al problema dei tempi della giustizia*», cit., osservano che: «[l]'introduzione di una nuova condizione di procedibilità – la cd. negoziazione assistita – per le liti di valore (non troppo) modesto (...) rischia, in quanto eccessivamente regolata, di penalizzare una pratica che già opera negli studi professionali, facendo sorgere liti su liti sulla convenzione stessa e sulla sua validità».

ed effettiva entro un termine assai breve, ciò che attualmente non accade generalmente nel processo civile italiano.

In questo senso, dunque, mi pare apprezzabile l'idea di incidere sull'efficienza del processo di cognizione elevando il tasso degli interessi moratori dopo la proposizione della domanda giudiziale: questa misura, infatti, rende assai meno conveniente la tattica dilatoria del debitore. Tuttavia, essa mostra – in maniera che forse può apparire paradossale – anche il suo «rovescio della medaglia», ovvero che, nel nuovo contesto, potrebbe essere il titolare del diritto a voler continuare la lite giudiziaria in modo da conseguire vantaggi (gli elevati interessi moratori) che non potrebbe invece conseguire senza il ricorso all'azione processuale (15).

In conclusione, dunque, non pare possibile stabilire un collegamento chiaro ed univoco fra la riduzione delle liti giudiziarie, l'obbligatorietà dei tentativi stragiudiziali di conciliazione o di negoziazione e le modifiche delle regole del processo finalizzate al miglioramento della sua efficienza, i cui complessi rapporti appaiono invero governati da numerose e complicate variabili (16). Inoltre, un ruolo importante del litigio è senza dub-

---

(15) Rileva questa possibile strategia C. CONSOLO, *Un d.l. processuale in bianco e nerofumo sullo equivoco della «degiurisdizionalizzazione»*, cit., p. 1182, secondo il quale il creditore potrebbe «lucrare non poco sul trascorrere del tempo nel perdurante (ma vantaggioso, allora) inadempimento del debitore».

(16) A. BRIGUGLIO, *Nuovi ritocchi in vista per il processo civile*, cit., p. 4 s., rileva, in proposito, che «le modifiche processuali estemporanee e di piccolissimo cabotaggio (…) potranno contribuire solo in misura minima allo smaltimento dell'arretrato ed alla deflazione e/o diminuzione dei tempi medi». Allo stesso tempo, l'A. osserva che all'enfasi per la riforma nella comunicazione giornalistica o nel *nomen* del decreto legge («degiurisdizionalizzazione», appunto) non corrisponde una «roboante e pretenziosa» intenzione di voler mutare, con una riforma tutto sommato minimale, il DNA del processo, alla cui modificazione appare invece finalizzato il lavoro in corso della Commissione Berruti, volto all'attuazione di una riforma di più ampio respiro del codice di procedura civile.

bio giocato dal «fattore umano», ossia dall'irriducibile componente psicologica dell'uomo, che non può essere ridotto ad un mero «giocatore razionale», del tutto avulso dalle sue passioni ed emozioni.

Pertanto, per tutti questi motivi, la modifica delle regole del processo – pur apprezzabile, in alcuni casi, sul piano della «giustizia processuale» e del «diritto ad un ricorso effettivo», ossia nell'ottica degli artt. 24 e 111 Cost., ovvero dell'art. 6 della Convenzione europea per i diritti dell'Uomo – non pare poter incidere in maniera significativa sulla durata dei processi, né tantomeno sulla riduzione del numero delle cause.

Tale rilievo appare peraltro confortato dalla circostanza che la durata delle controversie civili varia considerevolmente nei diversi uffici giudiziari, che pure applicano tutti le stesse norme processuali: solo per fare alcuni esempi, in base alle statistiche giudiziarie diffuse qualche giorno fa dal Ministero della Giustizia (17), si passa da una durata media del processo di primo grado pari a 184 giorni presso il Tribunale di Torino (18), ovvero di 288 giorni presso il Tribunale di Padova, fino al record dei 1.259 giorni necessari per celebrare il giudizio di prime cure davanti al Tribunale di Lamezia Terme.

Ne segue, in ultima analisi, che, al fine di ridurre la durata dei processi civili, non appare certamente sufficiente una modifica delle regole del processo o la previsione di nuove ipotesi di giurisdizione condizionata (19), ma occorre indubbiamente un

---

(17) Tali statistiche, variamente articolate ed aggregate, possono essere consultate in *www.giustizia.it* [26 novembre 2014].

(18) Questo successo del tribunale piemontese appare in gran parte attribuibile agli sforzi di organizzazione e di ottimizzazione delle risorse adottati dal «giustamente celebre presidente Barbuto», come rileva, da ultimo, A. BRIGUGLIO, *Nuovi ritocchi in vista per il processo civile*, cit., p. 5.

(19) Sotto quest'ultimo profilo, v. F. DANOVI, *Il d.l. n. 132/2014: le novità in tema di separazione e divorzio*, cit., p. 949, il quale osserva che «è come se per fronteggiare esigenze sanitarie, ovvero rinvenire nuove cure contro malattie e patologie cliniche, si decidesse di chiudere gli ospedali e ridurre l'impegno della ricerca scientifica, invitando i malati a curarsi da sé»; per il richiamo

investimento in «risorse processuali», inteso come aumento delle dotazioni organiche e sviluppo degli strumenti tecnici e pratici a disposizione dei magistrati, nonché come miglioramento dell'organizzazione – anche di tipo manageriale – degli uffici giudiziari (20).

3. – *Elogio del «processo elegante».*

Il miglioramento e lo sviluppo delle regole processuali è ovviamente importante ed essenziale nell'ottica di garantire il principio del «giusto processo» e, quindi, ai fini della realizzazione della giustizia civile. Soltanto se il processo è «equo», ossia in grado di offrire decisioni «giuste» ed un'effettiva tutela giurisdizionale dei diritti, può allora essere di un qualche interesse interrogarsi sulla sua ragionevole durata.

Come già osservava il Calamandrei, infatti, il «presto» e il «bene» vanno assai poco d'accordo. Senza alcun dubbio, l'esigenza di offrire una risposta di tutela il più possibile immediata alle domanda di giustizia è essa stessa *pars justitiae*, ma questa esigenza di far «presto» non può certamente compro-

---

di tale efficace similitudine, v. anche A. BRIGUGLIO, *Nuovi ritocchi in vista per il processo civile*, cit., p. 7.

(20) Per convergenti e pressoché unanimi rilievi in tal senso, v. C. CONSOLO, *Un d.l. processuale in bianco e nerofumo sullo equivoco della «degiurisdizionalizzazione»*, cit., p. 1174, secondo il quale, appunto, «i mali [della giustizia civile] non risiedono certo nella disciplina positiva, ma nella cronica carenza di risorse e di disciplina dei fattori umani in campo»; A. BRIGUGLIO, *Nuovi ritocchi in vista per il processo civile*, cit., p. 6, il quale sottolinea, a tal fine, anche il ruolo delle innovazioni in materia di «processo civile telematico», a cui il d.l. n. 90/2014 ha dato una significativa spinta, nonché le prospettive per la realizzazione, in atto ma ancora troppo timida, del famoso ed agognato «ufficio del giudice»; per la potenzialità di quest'ultimo strumento, v. anche B. CAPPONI, *Traslazione dei contenziosi: dai tribunali ai consigli dell'ordine*, in *www.questionegiustizia.it*, 2014.

mettere quella, che ne è l'irrinunciabile presupposto, di far «bene» (21).

Per questo motivo, destano senza dubbio «sconcerto» tutte quelle decisioni della Corte di legittimità con le quali si procede in maniera più o meno arbitraria a stravolgere la lettera della legge processuale in virtù della supposta preminenza del principio della ragionevole durata del processo (22). Nondimeno, è inevitabile guardare con grande inquietudine e diffidenza nei confronti di tutte quelle proposte di modifica delle regole processuali che muovono dal presupposto della riduzione delle garanzie delle parti, proprio al fine di realizzare un «processo breve» (23).

Il processo, che è in sostanza studio delle forme più idonee a garantire la realizzazione della giustizia della decisione, non può ovviamente accettare questa *deminutio* in termini di poteri per le parti, in quanto ciò rischia di compromettere proprio il fondamento logico e sociale del processo, che è quello di offrire alla decisione giudiziaria quella necessaria *Legitimation durch Verfahren*, che riposa, in ultima analisi, proprio nelle regole di svol-

---

(21) Per questa conclusione, v. già P. CALAMANDREI, *Sul progetto preliminare Solmi*, Firenze, 1937, e ora in *Opere giuridiche*, vol. I, Napoli, 1965, p. 307 s.

(22) Solo per fare un esempio, v. E.F. RICCI, *Nooo! (la tristissima sorte della ragionevole durata del processo nella giurisprudenza della cassazione: da garanzia in cerca di attuazione a killer di garanzie)*, in *Riv. dir. proc.*, 2010, 975 ss., in chiave critica rispetto alla decisione resa da Cass. civ., sez. un., 23 febbraio 2010, n. 4309, la quale ha negato, contro il chiaro tenore dell'art. 269 cod. proc. civ., la facoltà del convenuto di chiamare terzi in causa. Sul problema, più in generale, v. G. VERDE, *Il processo sotto l'incubo della ragionevole durata*, in *Riv. dir. proc.*, 2011, p. 505 ss.

(23) Si pensi, *exempli gratia*, alla proposta di introdurre la c.d. motivazione a richiesta, su cui v. F. PORCELLI, *Le novità in tema di rapporti tra arbitrato e giudizio ordinario*, in C. PUNZI, *Il processo civile. Sistema e problematiche*, *Le riforme del quadriennio 2010-2013*, contributi coordinati da G. RUFFINI, Torino, 2013, p. 81 s.

gimento del procedimento e di formazione del giudizio, ossia nelle regole del «dialogo processuale» (24).

Questa nobile finalità richiede, oltre alla predeterminazione delle regole processuali, anche una certa eleganza ed una certa chiarezza nella loro elaborazione, al fine di mettere in condizione le parti di conoscere effettivamente in anticipo le «regole del gioco». Pertanto, anche l'«estetica del processo» vuole la sua parte, giacché disposizioni processuali oscure e mal scritte, sibilline e ambigue, ossia – in una – poco «eleganti», sono foriere di numerose insidie e di ingiustificati perigli processuali, le cui conseguenze, all'inizio inavvertite, potranno prodursi anche a molti anni di distanza dal sorgere della lite, quando magari non sarà più possibile battere un'altra strada per la tutela della propria pretesa sostanziale.

Volgendo lo sguardo all'ultima riforma, occorre ammettere che – tanto oggi, come in passato – la tecnica legislativa utilizzata dai riformatori non è sempre delle migliori, incidendo in maniera farraginosa e disorganica sul corpo del codice di rito, ormai peraltro ripetutamente «martoriato» dai molteplici interventi degli ultimi anni.

L'esame delle nuove disposizioni verrà quindi condotto in chiave critica, sotto il profilo della tecnica processuale, cercando di evidenziare le problematiche derivanti dalle novità introdotte, ma anche di trovare soluzioni ragionevoli e condivisibili ai problemi interpretativi, che riescano ad inserirsi adeguatamente nel contesto delle garanzie processuali.

---

(24) In proposito, mi permetto di rinviare, anche per gli opportuni riferimenti, a M. GRADI, *Vizi* in procedendo *e ingiustizia della decisione*, in *Studi in onore di Carmine Punzi*, Torino, 2008, vol. III, p. 63 ss.; ID., *Saftleven e l'allegoria del processo*, in *Il diritto tra testo e immagine. Rappresentazione ed evoluzione delle fonti*, a cura di C. FARALLI, V. GIGLIOTTI, P. HERITIER e M.P. MITTICA, Milano-Udine, 2014, p. 151 ss.

I
MISURE PER L'«EFFICIENZA» DEL PROCESSO DI COGNIZIONE

SOMMARIO: 1. Effetti sostanziali della domanda giudiziale sul saggio degli interessi. – 2. La compensazione delle spese per «giusti motivi». – 3. Sospensione feriale dei termini e ferie dei magistrati. – 4. Passaggio dal rito ordinario al rito sommario di cognizione. – 5. Accesso alle informazioni per la ricostruzione dell'attivo e del passivo.

1. – *Effetti sostanziali della domanda giudiziale sul saggio degli interessi.*

Una delle modifiche più interessanti contenute del recente intervento normativo riguarda il saggio degli interessi legali da computare dopo la proposizione della domanda giudiziale: in base al novellato art. 1284, comma 4°, cod. civ., è infatti stabilito che, dopo l'inizio della lite giudiziaria, gli interessi dovuti dal debitore sul «credito litigioso» sono pari al tasso degli interessi di mora previsto per il ritardo nei pagamenti delle transazioni commerciali, ovvero calcolato in base alla disciplina prevista dall'art. 5, comma 3°, d.lgs. 9 ottobre 2002, n. 231 (25).

---

(25) Sulla disciplina speciale degli interessi moratori per il ritardo nei pagamenti delle transazioni commerciali, v. E. RUSSO, *La nuova disciplina dei ritardi di pagamento nelle transazioni commerciali*, in *Contratto e impr.*, 2003, p. 445 ss.; V. PANDOLFINI, *Il nuovo tasso di interesse legale per i ritardi di pagamento nelle transazioni commerciali (art. 5 d.leg. n. 231/2002)*, in *Giur. it.*, 2003, p. 2414 ss.; ID., *Le modifiche alla disciplina sui ritardi di pagamento nelle transazioni commerciali*,

Si tratta, come si è già accennato, di una grande innovazione a tutela del credito controverso o comunque non soddisfatto spontaneamente dall'obbligato, tenuto conto che tale importo è stato fissato, per il semestre in corso, all'8,15% su base annua (26), mentre il tasso degli interessi legali è attualmente pari all'1%, sempre su base annua (27).

L'art. 1284, comma 4°, cod. civ., precisa tuttavia che tale regola di determinazione degli interessi opera soltanto qualora le parti non ne abbiano determinato convenzionalmente la misura. Salvo questa ipotesi, regolata concordemente fra le parti, gli interessi sulla somma dovuta si computano dunque – quale che sia la natura del credito – nella misura superiore calcolata secondo il tasso di cui all'art. 5, comma 3°, d.lgs. n. 231/2002, ma solo a partire dal momento in cui è proposta la domanda in giudizio.

Si è quindi in presenza di un nuovo effetto sostanziale della domanda giudiziale, che dovrebbe quindi prodursi a partire dalla litispendenza del processo, ossia – a seconda dei casi – dalla notificazione dell'atto di citazione o dal deposito del ricorso introduttivo, come previsto dalla regola generale di cui all'art. 39, comma 3°, cod. proc. civ. (28), a meno che – al fine

---

in *Corr. merito*, 2013, p. 378 ss.; ID., *I ritardi di pagamento nelle transazioni commerciali dopo il d.leg. 9 novembre 2012 n. 192*, Torino, 2013.

(26) A decorrere dal 1° gennaio 2013, il tasso degli interessi legali di mora è stato infatti innalzato dal 7% all'8%, ai sensi del d.lgs. 9 novembre 2012, n. 192, che ha recepito la direttiva 2011/7/UE, cui va aggiunto il tasso di riferimento fissato di volta in volta dal Ministero dell'Economia, che per il secondo semestre dell'anno 2014 è pari allo 0,15%.

(27) Ai sensi dell'art. 1284, comma 1°, cod. civ., come modificato dall'art. 2, comma 185°, l. 23 dicembre 1996, n. 662, il tasso è stato così fissato dal Ministero dell'Economia con d.m. 12 dicembre 2013, in G.U. n. 392 del 13 dicembre 2013.

(28) In senso conforme, v. S. IZZO, *Legge 10 novembre 2014, n. 162*, cit., p. 11. Ciò si ricava dall'art. 1284, comma 4°, cod. civ., il quale stabilisce che tale effetto sostanziale si determina «dal momento in cui è proposta do-

di ottenere questo effetto sostanziale – non si ritenga anche necessaria la ricezione dell'atto nelle mani del destinatario, nel qual caso occorrerebbe dunque attendere la conoscenza effettiva o legale da parte del convenuto della domanda giudiziale proposta nei sui confronti (29).

manda giudiziale», così rinviando, a quanto è dato intendere, alle norme processuali che ne disciplinano le modalità.

(29) Occorre rammentare che è infatti controverso se l'effetto sostanziale di interruzione del termine di prescrizione – che l'art. 2943, comma 1°, cod. civ. subordina alla «notificazione dell'atto con il quale si inizia un giudizio» – si produca, con riferimento ai processi che iniziano con atto di citazione, già a partire della consegna dell'atto all'ufficiale giudiziario, oppure se a tal fine occorra anche la ricezione dell'atto medesimo nelle mani del destinatario o il verificarsi di condizioni equipollenti alla conoscenza effettiva: nel primo senso, Cass. civ., sez. III, 19 agosto 2009, n. 18399, in *Obbligazioni e contratti*, 2010, p. 811 ss., con nota di L. FOLLIERI, *L'interruzione della prescrizione: recettizietà e momento perfezionativo della notifica*; nel secondo senso, invece, Cass. civ., sez. I, 29 novembre 2013, n. 26804, in *Rep. Foro it.*, 2013, voce *Prescrizione e decadenza*, n. 46; in proposito, v. altresì R. CAPONI, *Interruzione della prescrizione con la consegna della citazione all'ufficiale giudiziario (e retroattività della sanatoria)*, in *Foro it.*, 2005, I, c. 1278 ss.; M. GRADI, *sub* art. 60, in *Codice di procedura civile commentato*, 5ª ed., diretta da C. CONSOLO, Milano, 2013, vol. I, p. 750.

Con riferimento agli effetti processuali della domanda, ma con principio che potrebbe avere conseguenze anche in ordine alla soluzione del problema della decorrenza degli effetti sostanziali, v. inoltre la recentissima – e non condivisibile – pronuncia resa da Cass civ., sez. un., 6 novembre 2014, n. 23675, in *www.cortedicassazione.it* [13 novembre 2014], secondo la quale, ai fini dell'applicazione del criterio della prevenzione di cui all'art. 39, comma 3°, cod. proc. civ., occorre avere riguardo al momento in cui la notificazione dell'atto di citazione si perfeziona con la consegna al destinatario (o a colui che sia abilitato alla ricezione) e non invece al momento della consegna dell'atto medesimo all'ufficiale giudiziario per il compimento della notifica: la Suprema Corte ha così risolto – confermando l'orientamento di Cass. civ., sez. un., 19 aprile 2013, n. 9535, in *Rep. Foro it.*, 2013, voce *Notificazione civile*, n. 61 – la questione sollevata con l'ordinanza interlocutoria resa da Cass. civ., sez. VI, 1° ottobre 2013, n. 22454, in *Corr. giur.*, 2014, p. 389 ss., con nota di A. STROPPARO, *Principio di scissione soggettiva del momento perfezionativo del procedimento notificatorio e autonomia della prevenienza* ex *art. 39, 3° comma, c.p.c.*

In considerazione dell'ampia formula della legge, nonché per ragioni di ordine logico, nel caso di domande riconvenzionali del convenuto, l'effetto in discorso dovrebbe invece prodursi a partire dal tempestivo deposito della comparsa di risposta, ovvero della memoria difensiva di cui all'art. 416 cod. proc. civ., in questo caso anche da notificare successivamente alla parte attrice, a cura dell'ufficio, ai sensi dell'art. 418 cod. proc. civ.; lo stesso dovrebbe inoltre valere, mutato ciò che si deve, anche per le domande nuove che siano ammissibili in corso di causa, in esercizio dello *jus variandi* (30).

In forza dell'art. 1284, comma 5°, cod. civ., parimenti introdotto con il d.l. n. 132/2014, nel caso di lite oggetto di un patto compromissorio, il medesimo effetto sostanziale si produce in favore del creditore a partire dalla proposizione dell'«atto con cui si promuove il procedimento arbitrale», ovvero dal

---

Ovviamente, il problema della produzione degli effetti sostanziali della domanda giudiziale si pone anche con riguardo ai processi che iniziano con ricorso: in proposito, v. Cass. civ., sez. lav., 11 giugno 2009, n. 13588, in *Rep. Foro it.*, 2009, voce *Prescrizione e decadenza*, n. 60, secondo la quale il mero deposito del ricorso *ex* art. 414 cod. proc. civ. presso la cancelleria del giudice non produce l'effetto interruttivo della prescrizione di cui all'art. 2943, comma 1°, cod. civ., essendo a tal fine necessaria anche la notificazione dell'atto al convenuto, in ordine alla quale si ripropone peraltro la questione della c.d. «scissione» del momento perfezionativo della notifica.

(30) In questi casi, con riferimento alle parti costituite, non dovrebbero porsi dubbi in ordine al momento del prodursi degli effetti sostanziali, in quanto deve ritenersi che, con il deposito dell'atto in cancelleria, esse acquisiscano conoscenza della domanda nuova o riconvenzionale; resterebbe escluso solo il caso delle ulteriori domande proposte contro la parte contumace (attore non costituito, ove questo sia possibile; ma anche parti convenute non costituite), nel qual caso la domanda nuova o riconvenzionale deve in ogni caso essere notificata al contumace ai sensi dell'art. 292, comma 1°, cod. proc. civ.: su tale ultimo aspetto, v. B. ZUFFI, *sub* art. 292, in *Codice di procedura civile commentato*, 5ª ed., diretta da C. CONSOLO, cit., vol. II, p. 52 ss.

momento della notificazione della domanda di arbitrato (31), cui dovrebbero aggiungersi – per analogia – anche le ipotesi di formulazione di domande nuove o riconvenzionali nel corso del processo arbitrale.

La norma potrebbe avere un potenziale assai incisivo non solo nei rapporti fra soggetti privati, ma anche con riferimento alle azioni giudiziali intraprese nei confronti della pubblica amministrazione per mancato pagamento di prestazioni pecuniarie (32). Inoltre, non si può escludere l'effetto moltiplicatore derivante dall'art. 1283 cod. civ., il quale consente di ottenere, a certe condizioni e sempre a seguito della proposizione dell'apposita domanda giudiziale, gli interessi sugli interessi, ossia la c.d. capitalizzazione degli interessi (33).

Poiché la sanzione degli interessi moratori «aggravati» può, sotto un certo profilo, essere configurata come una sanzione civile punitiva, ossia come una pena privata (34), potrebbero sorgere dubbi di ragionevolezza della nuova disciplina in caso in mora non imputabile al debitore, il quale insomma non sia nelle condizioni di poter onorare il proprio debito (ipotesi, quest'ultima, che esclude l'applicazione del tasso maggiorato secondo la disciplina sostanziale speciale ai sensi dell'art. 4 d.lgs. n. 231/2002, che non risulta però richiamato dal novellato art. 1284 cod. civ.).

Quanto infine alla disciplina transitoria della nuova disciplina, l'art. 17, comma 2°, del decreto, precisa che l'art. 1284,

---

(31) Sulla domanda arbitrale e sui suoi effetti, v., in generale, C. PUNZI, *Disegno sistematico dell'arbitrato*, 2ª ed., Padova, 2012, vol. II, p. 53 ss.

(32) Per l'applicazione della norma anche nei confronti delle pubbliche amministrazioni, v. C. CONSOLO, *Un d.l. processuale in bianco e nerofumo sullo equivoco della «degiurisdizionalizzazione»*, cit., p. 1182.

(33) Sulla disciplina di cui all'art. 1283 cod. civ., v., in generale, G. DI-MARTINO, sub art. 1283, in *Codice civile*, 3ª ed., a cura di G. ALPA e V. MARICONDA, Milano, 2013, vol. I, p. 3821 ss.

(34) In tal senso, v., con riferimento alla disciplina sostanziale, A. RICCIO, *Gli interessi moratori previsti dalla disciplina sui ritardi di pagamento nelle transazioni commerciali e le norme sull'usura*, in Contratto e impr., 2004, p. 556.

commi 4° e 5°, cod. civ., produce i suoi effetti rispetto ai procedimenti giudiziali o arbitrali iniziati a decorrere dal trentesimo giorno successivo all'entrata in vigore della legge di conversione, ossia rispetto alle azioni processuali intraprese a far data dal giorno 11 dicembre 2014 (35).

Da ciò pare dunque potersi dedurre che, per quanto riguarda i procedimenti già iniziati e non ancora conclusi, si dovrà continuare ad applicare la precedente normativa, e quindi il tasso degli interessi legali, anche per il periodo di tempo successivo all'entrata in vigore del nuovo art. 1284 cod. civ., con una evidente sperequazione (36), ma anche riducendo significativamente l'impatto della nuova disposizione per il tempo a venire.

2. – *La compensazione delle spese per «giusti motivi».*

La disciplina della compensazione delle spese processuali in ragione di quelli che *olim* erano definiti «giusti motivi» subisce un'ulteriore ritocco. Come è noto, il legislatore era già intervenuto, a più riprese, sul presupposto della compensazione totale o parziale delle spese, prevedendo che dovessero a tal fine ri-

---

(35) La legge di conversione (l. 10 novembre 2014, n. 162), pubblicata in G.U. in data 10 novembre, dispone, all'art. 1, comma 2°, che l'entrata in vigore della stessa è fissata il giorno successivo alla data della pubblicazione, ossia il giorno 11 novembre; pertanto, il successivo termine di trenta giorni scade il giorno 11 dicembre, a partire dal quale la nuova disposizione di cui all'art. 1284 cod. civ. trova dunque applicazione (la disposizione transitoria prevede infatti che si applichi «a decorrere dal trentesimo giorno» e non «decorsi trenta giorni»).

(36) Secondo C. CONSOLO, *Un d.l. processuale in bianco e nerofumo sullo equivoco della «degiurisdizionalizzazione»*, cit., p. 1182, tale disparità di trattamento genera dubbi di incostituzionalità e potrebbe anche indurre il creditore a rinunciare agli atti del giudizio, facendo estinguere il processo, per riproporre la domanda e giovarsi del nuovo regime.

correre «gravi ed eccezionali ragioni», da indicare esplicitamente nella motivazione (37).

Secondo il tradizionale insegnamento della giurisprudenza, queste ipotesi sfuggivano ad una qualsiasi elencazione che non fosse meramente esemplificativa. Tuttavia, in particolare, l'art. 92, comma 2°, cod. proc. civ., consentiva al giudice di disporre la compensazione delle spese nell'ipotesi di causa dubbia, quando insomma la natura della questione fosse incerta e discutibile, vuoi per l'esistenza di un contrasto di giurisprudenza in ordine alla *quaestio juris*, vuoi per le difficoltà relative all'accertamento dei fatti rilevanti per la controversia (38).

Il tema è assai delicato perché, come aveva a suo tempo già rilevato il Chiovenda, disporre la compensazione delle spese in tali circostanze, pur rispondendo ad un principio assai ragionevole, finisce per intaccare il principio *victus victori* fondato sulla regola oggettiva della soccombenza, ossia pregiudica il diritto della parte vincitrice a non subire un depauperamento patrimoniale solo per aver dovuto affrontare il processo per il ristoro del proprio diritto sostanziale (39).

La presenza di tale ipotesi di compensazione finisce infatti per mutare la natura della responsabilità per le spese processuali, trasformandola da responsabilità per atto lecito del litigante a sanzione nei confronti di colui che utilizzi il processo in maniera impropria od abusiva, senza avere valide ragioni per

---

(37) Per l'evoluzione della disciplina positiva sul punto, v. P. NAPPI, *sub* art. 92, in *Codice di procedura civile commentato*, 5ª ed., diretta da C. CONSOLO, cit., vol. I, p. 1046 ss.; A. PERIN, *Le novità in materia di spese processuali*, in C. PUNZI, *Il processo civile. Sistema e problematiche*, *Le riforme del quadriennio 2010-2013*, contributi coordinati da G. RUFFINI, cit., p. 61 ss.

(38) V., ad esempio, Cass. civ., sez. lav., 11 febbraio 2008, n. 3218, in *Rep. Foro it.*, 2008, voce *Spese giudiziali civili*, n. 25; Cass. civ., sez. lav., 1° dicembre 2003, n. 18352, in *Rep. Foro it.*, 2003, voce cit., n. 60.

(39) G. CHIOVENDA, *La condanna nelle spese giudiziali*, 2ª ed., Roma, 1935, pp. 167 e 337 ss., il quale, acutamente nega che fra i giusti motivi di compensazione possa rientrare l'ipotesi della causa dubbia.

poter mettere in discussione l'azione o l'eccezione altrui, ossia in assenza di una *justa causa litigandi* (40).

Con la nuova disposizione di cui all'art. 92, comma 2°, cod. proc. civ., tali questioni sembrano trovare un contemperamento, in quanto è adesso stabilito che la compensazione totale o parziale delle spese può essere disposta, oltre all'ipotesi in cui vi sia soccombenza reciproca, soltanto nel caso di assoluta novità della questione trattata o di mutamento della giurisprudenza rispetto alle questioni dirimenti della causa.

Pertanto, potrà invocarsi il fattore discriminante della causa dubbia soltanto in tali circostanze, laddove insomma la condotta della parte soccombente merita un migliore apprezzamento, e che ricorrono nel caso in cui si via una questione assolutamente nuova, oppure nell'ipotesi di c.d. *overruling* rispetto ad un orientamento giurisprudenziale consolidato, sul quale la parte soccombente aveva fatto affidamento (41). Non sembra invece che possa rientrare fra le fattispecie che giustificano la compensazione delle spese di lite l'ipotesi di soluzione di un contrasto di giurisprudenza, per il quale la parte, pur in buona fede convinta del suo diritto, litiga con il rischio di dover pagare le spese processuali all'avversario in caso di sconfitta (42).

---

(40) In proposito, v. F. CORDOPATRI, *L'abuso del processo*, Padova, 2000, vol. I, p. 395 ss., spec. p. 425 ss.; ID., *L'abuso del processo e la condanna alle spese*, in *Riv. trim. dir. e proc. civ.*, 2005, p. 249 ss., il quale costruisce un coerente sistema di responsabilità processuale per spese e danni basato sulla violazione di obblighi o doveri processuali.

(41) La tesi era stata proposta, con riferimento al c.d. *overruling* processuale, da G. RUFFINI, *Mutamenti di giurisprudenza nell'interpretazione delle norme processuali e «giusto processo»*, in *Riv. dir. proc.*, 2011, p. 1402.

(42) Tuttavia, come osserva puntualmente C. CONSOLO, *Un d.l. processuale in bianco e nerofumo sullo equivoco della «degiurisdizionalizzazione»*, cit., p. 1179 s., giungendo al cuore del problema, solo la pratica dimostrerà se la «complessità della questione» verrà o meno ricondotta dalla giurisprudenza alla «novità della questione», con conseguenze, diciamo, «gattopardiane»: tutto cambia perché nulla cambi.

Come si vede, dunque, la norma ha l'intento di scoraggiare la parte che, alla fine della contesa, verrà riconosciuta in torto, con la minaccia di un significativo restringimento delle ipotesi di compensazione, a cui però fa da contraltare il maggiore incentivo a litigare in favore della parte che sarà riconosciuta vincitrice, la quale può adesso confidare maggiormente sulla possibilità di recuperare le spese sostenute per il processo.

Quanto alla disciplina transitoria, ai sensi dell'art. 13, comma 2°, del decreto, è previsto che la disposizione in commento si applica ai soli procedimenti introdotti a decorrere dal trentesimo giorno successivo all'entrata in vigore della legge di conversione, ossia a quelli iniziati a far data dal giorno 11 dicembre 2014.

3. – *Sospensione feriale dei termini e ferie dei magistrati.*

Con riferimento al computo dei termini processuali, il d.l. n. 132/2014 segna un'altra importante novità, che si ripercuoterà inevitabilmente sull'organizzazione degli studi legali (43). Infatti, è stato previsto che la sospensione feriale dei termini, in passato operante – salvo le materie escluse – per i 46 giorni intercorrenti fra il 1° agosto e il 15 settembre di ogni anno, subisce una riduzione, operando per il futuro solo per 31 giorni, dal 1° agosto al 31 agosto, con effetto a partire dalla prossima estate.

Alla legge 2 aprile 1979, n. 97, è aggiunto inoltre l'art. 8 *bis*, relativo alle ferie dei magistrati, degli avvocati e dei procuratori dello Stato, il quale stabilisce che «fermo quanto disposto dall'art. 1 della legge 23 dicembre 1977, n. 937, i magistrati ordinari, amministrativi, contabili e militari, nonché gli avvocati e procuratori dello Stato hanno un periodo annuale di ferie di trenta giorni».

---

(43) Come nota S. IZZO, *Legge 10 novembre 2014, n. 162*, cit., p. 11.

4. – *Passaggio dal rito ordinario al rito sommario di cognizione.*

Il meccanismo del mutamento di rito si arricchisce di un'ulteriore disposizione, l'art. 183 *bis* cod. proc. civ., il quale detta adesso una disciplina per il passaggio dal rito ordinario al rito sommario di cognizione per scelta discrezionale del magistrato. La nuova disposizione così introdotta, che fa da simmetrico corredo a quella contenuta nell'art. 702 *ter*, comma 3°, cod. proc. civ., riguarda peraltro ipotesi assai diverse da quelle regolate dall'art. 4 d.lgs. 1° settembre 2011, n. 150, nel quale è invece disciplinato il mutamento della liturgia processuale nel caso di erronea scelta del rito applicabile (44).

Qua, infatti, si è in presenza di una decisione presa dal magistrato, la quale è assunta in ragione della complessità della causa e della qualità dell'istruzione probatoria, al fine di permettere insomma un «adeguamento del rito alle caratteristiche della controversia» (45).

Più precisamente, in base al nuovo art. 183 *bis* cod. proc. civ., è adesso previsto che, nelle cause in cui il tribunale giudica in composizione monocratica, se il giudice ritiene, nell'ambito dell'udienza di trattazione (46), che l'istruzione probatoria possa essere compiuta in maniera «sommaria», può disporre, con ordinanza non impugnabile, che si proceda a norma dell'articolo 702 *ter* cod. proc. civ., ossia nelle forme del rito

---

(44) A tale riguardo, v. R. TISCINI, *sub* art. 4, in *La semplificazione dei riti civili*, a cura di B. SASSANI e R. TISCINI, Roma, 2011, p. 44 ss.

(45) Così A. BRIGUGLIO, *Nuovi ritocchi in vista per il processo civile*, cit., p. 17 s., il quale ritiene in linea di principio apprezzabile la disposizione.

(46) Tale udienza dovrebbe corrispondere a quella di prima comparizione, ovvero a quella fissata per i medesimi incombenti a seguito di un mero rinvio; tuttavia, come rilevano L. D'AGOSTO, S. CRISCUOLO, *Prime note sulle «misure urgenti di degiurisdizionalizzazione e altri interventi per la definizione dell'arretrato in materia di processo civile»*, cit., p. 25 s., in tale momento processuale, le parti potrebbero non aver ancora articolato tutte le loro difese, per cui per il giudice potrebbe essere difficile compiere la valutazione in esame ai fini del mutamento del rito.

sommario di cognizione, nel quale l'assunzione delle prove rilevanti è retta dal principio di informalità, beninteso nel rispetto del principio del contraddittorio.

Prima di procedere all'eventuale passaggio di statuto processuale, tuttavia, il giudice deve preventivamente attivare il contraddittorio in merito all'opportunità e ai presupposti del mutamento, anche mediante trattazione scritta della questione (47).

Qualora il giudice opti per il passaggio al rito sommario, invita le parti ad indicare, a pena di decadenza, nella stessa udienza, i mezzi di prova, ivi compresi i documenti, di cui esse intendono avvalersi, nonché le prove contrarie: ciò appare però non sempre agevole, in considerazione del fatto che, nel rito ordinario, la parte non è tenuta a «vuotare il sacco» *in limine litis*, di guisa che potrebbero verificarsi esigenze di difesa imprevedibili per la parte (*rectius*, per il suo difensore) prima del definitivo assestamento delle rispettive posizioni processuali (48).

Pertanto, se richiesto da almeno uno dei litiganti, il giudice «può» – anche se, stando alla lettera della norma, non necessariamente «deve» (49) – fissare una nuova udienza e un termine

---

(47) Secondo C. CONSOLO, *Un d.l. processuale in bianco e nerofumo sullo equivoco della «degiurisdizionalizzazione»*, cit., p. 1178, il contraddittorio scritto contrasta con la finalità di accelerazione che costituisce lo spirito dell'art. 183 *bis* cod. proc. civ., con il rischio, peraltro, che «si occupino tempo e pagine per discutere di una questione meramente procedurale, anziché del merito della lite».

(48) Sul punto, v. gli acuti rilievi di C. CONSOLO, *Un d.l. processuale in bianco e nerofumo sullo equivoco della «degiurisdizionalizzazione»*, cit., p. 1178 s.

(49) Appare assai netta, a questo riguardo, la differenza con la concessione dei termini per le tre memorie scritte di cui all'art. 183, comma 6°, cod. proc. civ., laddove è previsto che: «[s]e richiesto, il giudice *concede*» (corsivo mio). Il diritto ai termini per la trattazione scritta a semplice richiesta, che a me pare una «rima obbligata», non è però pacifico: v., in particolare, le *Linee guida operative sull'organizzazione della prima udienza di trattazione del processo civile ordinario*, predisposte dal Tribunale di Genova, in *Foro it.*, 2007,

perentorio non superiore a quindici giorni per l'indicazione dei mezzi di prova e delle produzioni documentali, nonché un ulteriore termine perentorio di dieci giorni per le sole indicazioni di prova contraria (50).

Ai sensi dell'art. 14, comma 2°, del decreto, la disposizione in esame si applica ai procedimenti introdotti a decorrere dal trentesimo giorno successivo all'entrata in vigore della legge di conversione, ossia ai giudizi ordinari introdotti a dar data dal giorno 11 dicembre 2014.

5. *Accesso alle informazioni per la ricostruzione dell'attivo e del passivo.*

In maniera abbastanza nascosta, la recente riforma processuale ha infine introdotto un'ulteriore e significativa novità con riguardo al processo di cognizione, che passa però quasi inosservata e che riguarda il tema all'accesso alle informazioni nel processo, di rilevanza cruciale nel caso in cui una delle parti soffra di «asimmetrie informative».

Più precisamente, ai fini della ricostruzione dell'attivo e del passivo nell'ambito dei procedimenti in materia di famiglia, dei procedimenti relativi alla gestione di patrimoni altrui e delle procedure concorsuali, è adesso consentito alla parte interessa-

---

V, c. 119, ove si legge che i termini di cui all'art. 183, comma 6°, cod. proc. civ., «saranno assegnati (…) solo previa verifica con i difensori dell'indispensabilità di tutti tali termini, o solo di alcuni». Sul punto, cfr. altresì, anche per l'esame delle diverse posizioni, R. MURONI, *sub* art. 183, in *Codice di procedura civile commentato*, 5ª ed., diretta da C. CONSOLO, cit., vol. I, p. 2256.

(50) Come osserva A. BRIGUGLIO, *Nuovi ritocchi in vista per il processo civile*, cit., p. 18, ciò riduce di gran lunga l'utilità del mutamento di rito, posto che il risparmio delle tre memorie di cui all'art. 183, comma 6°, cod. proc. civ., sarebbe di fatto assorbito dalle due memorie di cui all'art. 183 *bis* cod. proc. civ.; per analogo rilievo, v. L. D'AGOSTO, S. CRISCUOLO, *Prime note sulle «misure urgenti di degiurisdizionalizzazione e altri interventi per la definizione dell'arretrato in materia di processo civile»*, cit., p. 24.

ta di compiere una vera e propria indagine sui beni, ossia di ricercare informazioni a tale riguardo, che l'avversario si rifiuti di fornire in giudizio o in ordine alle quali non offra i necessari ed opportuni chiarimenti.

Si tratta di un'innovazione introdotta dall'art. 155 *sexies* disp. att. cod. proc. civ., tramite un rinvio alle nuove modalità della ricerca dei beni da pignorare, su cui ha inciso lo stesso d.l. n. 132/2014, il cui esame deve quindi essere per il momento rimandato al fine di consentire la comprensione dell'esatta portata del nuovo istituto processuale (51).

---

(51) In proposito, v. *infra*, II, § 6.

II
MISURE PER L'«EFFICIENZA» DEL PROCESSO ESECUTIVO

SOMMARIO. – 1. Le principali novità. – 2. La ricerca delle cose e dei crediti da pignorare. – 3. – Partecipazione del creditore procedente alle operazioni di ricerca. – 4. Esito positivo della ricerca e obblighi informativi del debitore. – 5. Spese dell'indagine. – 6. Ricerca dei beni ai fini del sequestro conservativo e nei procedimenti relativi alla ricostruzione dell'attivo e del passivo (in materia di famiglia, di gestione di patrimoni altrui e di procedure concorsuali). – 7. Espropriazione di beni mobili registrati (autoveicoli, motoveicoli e rimorchi). – 8. Espropriazione presso terzi. – 9. Iscrizione a ruolo del processo esecutivo e inefficacia del pignoramento. – 10. Infruttuosità dell'espropriazione forzata e chiusura anticipata del processo esecutivo. – 11. Altre disposizioni in materia di procedure esecutive e concorsuali. – *a)* Impignorabilità dei beni. – *b)* Modalità della vendita immobiliare. – *c)* Beni mobili estranei all'espropriazione immobiliare. – *d)* Monitoraggio delle procedure esecutive e concorsuali.

1. – *Le principali novità.*

Con riferimento al processo esecutivo, sono state adottate significative innovazioni che riguardano innanzitutto il procedimento di espropriazione presso terzi e l'introduzione di una nuova forma di pignoramento per i beni mobili registrati, quali autoveicoli, motoveicoli e rimorchi.

Inoltre, come è stato appena ricordato (52), è stato modificato il sistema della ricerca dei beni da pignorare tramite l'accesso alle banche dati telematiche, con il rafforzamento degli obblighi informativi del debitore esecutato. Infine, è stato trasformato il procedimento di avvio dell'esecuzione, conferendo al creditore procedere l'onere di eseguire, a pena di inefficacia del pignoramento, l'iscrizione a ruolo della procedura esecutiva entro un termine decadenziale.

A ciò si aggiungono anche innovazioni minori, alcune delle quali dettate dalle necessità di coordinamento con le recenti riforme delle regole processuali.

2. – *La ricerca delle cose e dei crediti da pignorare.*

Con riferimento al processo esecutivo, il d.l. n 132/2014 ha inciso profondamente sulle modalità della ricerca dei beni da pignorare tramite accesso alle banche dati (53), che in passato erano regolate dall'art. 492, comma 7°, cod. proc. civ., il quale è stato sì abrogato, ma al contempo anche trasfuso nel nuovo art. 492 *bis* cod. proc. civ., con significative modifiche (54).

---

(52) V. *supra*, I, § 5.

(53) Sulla disciplina della ricerca dei beni pignorabili, dopo le riforme attuate con il d.l. n. 35/2005, convertito in l. n. 80/2005, nonché con la l. n. 52/2006, ma prima delle ulteriori modifiche apportate dal d.l. n. 132/2014, v. A. SALETTI, *Le novità in materia di pignoramento e di ricerca dei beni da espropriare*, in *Riv. esecuz. forzata*, 2005, p. 746 ss.; F. CORSINI, *L'individuazione dei beni da pignorare secondo il nuovo art. 492 c.p.c.*, in *Riv. trim. dir. e proc. civ.*, 2005, p. 815 ss.; F. CORDOPATRI, *Le nuove norme sull'esecuzione forzata*, in *Riv. dir. proc.*, 2005, 751 ss.; L.P. COMOGLIO, *La ricerca dei beni da pignorare*, in *Riv. esecuz. forzata*, 2006, p. 37 ss.; L. GROPPOLI, *sub* art. 492, in *Commentario alle riforme del processo civile*, a cura di A. BRIGUGLIO e B. CAPPONI, vol. II, Padova, 2007, p. 74 ss.

(54) È stato peraltro mantenuto lo strumento di ricerca dei beni da pignorare attraverso l'esame delle scritture contabili dell'imprenditore di cui all'art. 492, comma 8° (ora 7°), cod. proc. civ.: al riguardo, v. Trib. Milano,

L'intervento legislativo in materia di ricerca dei beni da pignorare è volto a migliorare l'efficienza dei procedimenti di espropriazione mobiliare presso il debitore, ovvero di espropriazione presso terzi, attraverso l'implementazione dei poteri di ricerca dei beni dell'ufficiale giudiziario, colmando la naturale asimmetria informativa esistente tra il creditore e il debitore in merito agli *assets* patrimoniali appartenenti a quest'ultimo.

Se in passato il vecchio testo dell'art. 492, comma 7°, cod. proc. civ., sembrava subordinare la possibilità della ricerca tramite accesso all'anagrafe tributaria e alle altre banche dati al preventivo ed infruttuoso tentativo di pignoramento (55), il nuovo art. 492 *bis* cod. proc. civ. – che troverà applicazione ai procedimenti iniziati a decorrere dal trentesimo giorno successivo alla data di entrata in vigore della legge di conversione, ossia a far data dal giorno 11 dicembre 2014 – prescinde chiaramente da questo presupposto.

---

7 gennaio 2008, in *Giur. it.*, 2008, p. 2277 ss., con nota di M.C. GIORGETTI, *L'ufficiale giudiziario può ricercare le «scritture contabili» anche nell'esecuzione del sequestro conservativo*, secondo la quale i poteri d'indagine relativi alle scritture contabili dell'imprenditore si estendono, giusta la formulazione dell'art. 2214 cod. civ., non solo ai libri obbligatori per definizione, ma anche a tutte le scritture contabili richieste dalla natura e dalle dimensioni dell'impresa, nonché, con riferimento a ciascun affare, alle lettere, alle fatture e ai telegrammi a supporto delle scritture contabili medesime.

(55) Su tale problema, sul quale ha anche inciso la riformulazione dell'art. 492 cod. proc. civ. operata tramite la l. n. 52/2006, v. T. SALVIONI, in *sub* art. 492, in *Codice di procedura civile commentato*, 5ª ed., diretta da C. CONSOLO, cit., vol. II, p. 1888 s., alla quale si rinvia anche per l'esame delle opinioni difformi. Secondo A. SALETTI, *Le novità in materia di pignoramento e di ricerca dei beni da espropriare*, cit., p. 753, la possibilità della consultazione alle banche dati sarebbe stata – *sub Julio* – consentita soltanto previa verifica dell'irreperibilità di beni utilmente pignorabili, riscontrata a seguito dell'accesso dell'ufficiale giudiziario, ma anche subordinata all'infruttuoso «interpello» al debitore ai sensi dell'art. 492, comma 4°, cod. proc. civ.: soltanto in caso di mancanza di collaborazione di quest'ultimo, sarebbe stato infatti giustificato il superamento delle sue esigenze di riservatezza e di *privacy*.

Infatti, è innanzitutto previsto che, su istanza del creditore procedente, il presidente del tribunale del luogo in cui il debitore ha la residenza, il domicilio, la dimora o la sede, proceda ad autorizzare la ricerca con modalità telematiche dei beni da pignorare, previa verifica del diritto della parte istante a procedere ad esecuzione forzata, ossia del possesso di un valido ed efficace titolo esecutivo, il quale deve peraltro, a mio avviso, essere previamente notificato al debitore insieme o separatamente all'atto di precetto (56).

L'istanza del creditore *ex* art. 492 *bis* cod. proc. civ. deve contenere l'indicazione dell'indirizzo di posta elettronica ordinaria ed il numero di fax del difensore, nonché dell'indirizzo di posta elettronica certificata, che è utile ai fini dell'art. 547 cod. proc. civ., ossia per ricevere la dichiarazione del *debitor debitoris* nel pignoramento presso terzi: ciò in quanto è poi possibile procedere ad eseguire le formalità relative a tale forma di pignoramento in continuità con il procedimento già avviato ai sensi dell'art. 492 *bis* cod. proc. civ. (57).

Con l'autorizzazione, il presidente del tribunale – o, come precisa l'art. 492 *bis*, comma 2°, cod. proc. civ., anche un giudice da lui delegato – dispone che l'ufficiale giudiziario acceda mediante collegamento telematico diretto alle banche dati delle pubbliche amministrazioni o alle quali le stesse possono accedere, ossia, in particolare, nell'anagrafe tributaria, compreso

---

(56) Ciò deriva dal fatto che il procedimento di ricerca può proseguire, senza soluzione di continuità, fino al pignoramento: in proposito, v. *infra*, § 4. Quanto alla natura dell'autorizzazione presidenziale, l'art. 492 *bis*, comma 1°, cod. proc. civ., prevede – come si è già indicato nel testo – che essa sia semplicemente subordinata alla verifica del «diritto della parte istante a procedere ad esecuzione forzata»: pertanto, nelle intenzioni del legislatore, siffatta autorizzazione non sembra sottoposta ad ulteriori condizioni e, in particolare, alla dimostrazione dell'assolvimento, in maniera diligente, di un preventivo onere di ricerca a cura del creditore procedente, che renda plausibile la necessità dell'indagine patrimoniale mediante l'ufficiale giudiziario.

(57) In proposito, v. ancora *infra*, § 4.

l'archivio dei rapporti finanziari (58), al pubblico registro automobilistico e alle banche dati degli enti previdenziali (59). Ciò al fine di acquisire tutte le informazioni rilevanti per l'individuazione delle cose e dei crediti da sottoporre ad esecuzione, comprese quelle relative ai rapporti intrattenuti dal debitore con istituti di credito e con datori di lavoro o committenti (60).

Il Ministro della giustizia – con apposito decreto da adottare, ai sensi dell'art. 155 *quater* disp. att. cod. proc. civ., di concerto con il Ministro dell'interno e con il Ministro dell'economia e delle finanze, sentito il Garante per la protezione dei dati personali – potrà inoltre individuare ulteriori banche dati delle pubbliche amministrazioni o alle quali le stesse possono accedere, che l'ufficiale giudiziario potrà parimenti interrogare tramite collegamento telematico diretto o mediante richiesta al titolare dei dati.

Quanto alle modalità pratiche di accesso alle banche dati, che risulta peraltro gratuito per il creditore, salvo i tributi giudiziari dovuti per la ricerca (61), l'art. 155 *quater* disp. att. cod. proc. civ. rinvia al suddetto decreto interministeriale, con il quale dovranno essere individuati i casi, i limiti e le modalità di esercizio della facoltà di accesso alle banche dati, nonché le modalità di trattamento e di conservazione dei dati, ovvero ancora – il che mi pare di estremo rilievo – le cautele idonee a tutelare la riservatezza dei debitori. Lo stesso decreto provve-

---

(58) Ai sensi dell'art. 155 *bis* disp. att. cod. proc. civ., per archivio dei rapporti finanziari si intende la sezione di cui all'art. 7, comma 6°, d.p.r. 29 settembre 1973, n. 605.

(59) Per un esame delle banche date accessibili, sia pure sotto la vigenza della previgente normativa, v. T. SALVIONI, in *sub* art. 492, in *Codice di procedura civile commentato*, 5ª ed., diretta da C. CONSOLO, cit., vol. II, p. 1889 s.

(60) Sono fatte altresì salve le disposizioni in materia di accesso ai dati e alle informazioni degli archivi automatizzati del Centro elaborazione dati istituito presso il Ministero dell'interno ai sensi dell'art. 8 l. 1° aprile 1981, n. 121.

(61) Su cui v. *infra*, § 5.

derà anche a predisporre un apposito modello per il registro cronologico denominato «modello ricerca beni», che dovrà essere utilizzato presso ogni ufficio notifiche, esecuzioni e protesti (UNEP).

Per tali motivi, al di là dell'entrata in vigore dell'art. 492 *bis* cod. proc. civ., è da ritenere che, finché tale decreto non verrà emanato, non sarà possibile, nel concreto, procedere a svolgere la ricerca in questione (62).

3. – *Partecipazione del creditore procedente alle operazioni di ricerca.*

La ricerca dei beni da pignorare è dunque una ricerca – piuttosto «pervasiva» (63) – sui beni del debitore tramite le banchi dati telematiche, ma che richiede l'autorizzazione presidenziale, ovvero del giudice delegato, e che si compie per il tramite dell'ufficiale giudiziario. Tuttavia, il creditore ha la possibilità di partecipare alle operazioni di «indagine esplorativa» in ordine ai beni del debitore: infatti, ai sensi dell'art. 155 *ter* disp. att. cod. proc. civ., è ammessa la sua partecipazione alle operazioni di ricerca, a norma dell'articolo 165 disp. att. cod. proc. civ.

A tal fine, occorre pertanto un'apposita richiesta del creditore procedente, che manifesterà la sua intenzione di partecipare personalmente alle operazioni: in tal caso, quindi, l'ufficiale giudiziario dovrà dare comunicazione al creditore del giorno in cui effettuerà l'accesso telematico, con un preavviso di almeno tre giorni, salvo i casi di urgenza. Deve peraltro rite-

---

(62) Per la necessità del decreto in discorso al fine di permettere l'avvio in concreto della ricerca dei beni non modalità telematiche, v. anche L. D'AGOSTO, S. CRISCUOLO, *Prime note sulle «misure urgenti di degiurisdizionalizzazione e altri interventi per la definizione dell'arretrato in materia di processo civile»*, cit., p. 37.

(63) In tal senso, v. C. CONSOLO, *Un d.l. processuale in bianco e nerofumo sullo equivoco della «degiurisdizionalizzazione»*, cit., p. 1180.

nersi possibile che il creditore possa partecipare alle operazioni di ricerca anche avvalendosi di un difensore di sua fiducia.

Il creditore procedente ha inoltre la possibilità di ricercare ed acquisire le informazioni sui beni del debitore per mezzo dell'accesso diretto alle banche dati tramite i gestori, qualora vi sia un malfunzionamento del collegamento dell'ufficiale giudiziario: in tal caso, infatti, ai sensi dell'art. 155 *quinquies* disp. att. cod. proc. civ., il creditore procedente, sempre previa autorizzazione del presidente del tribunale o del giudice delegato, potrà ottenere dai gestori delle banche dati di cui agli artt. 492 *bis* cod. proc. civ. e 155 *quater* disp. att. cod. proc. civ. le informazioni nelle stesse contenute (64).

4. – *Esito positivo della ricerca e obblighi informativi del debitore.*

All'esito delle operazioni di ricerca compiute dall'ufficiale giudiziario, con l'eventuale partecipazione del creditore procedente, l'ufficiale giudiziario medesimo redige un unico processo verbale nel quale indica tutte le banche dati interrogate e le relative risultanze (art. 492 *bis*, comma 2°, cod. proc. civ.).

Se tale accesso ha consentito di individuare cose che si trovano in luoghi appartenenti al debitore compresi nel territorio di «competenza» dell'ufficiale giudiziario, quest'ultimo accede agli stessi *ex officio* per provvedere al pignoramento mobiliare presso il debitore, compiendo gli adempimenti di cui agli artt. 517, 518 e 520 cod. proc. civ. (art. 492 *bis*, comma 3°, cod. proc. civ.).

Se invece i luoghi dove si trovano i beni del debitore non sono compresi nel territorio di «competenza» dell'ufficiale giudiziario, questi allora rilascia copia autentica del verbale al

---

(64) L. D'AGOSTO, S. CRISCUOLO, *Prime note sulle «misure urgenti di degiurisdizionalizzazione e altri interventi per la definizione dell'arretrato in materia di processo civile»*, cit., p. 37.

creditore, il quale deve presentarla, unitamente all'istanza di pignoramento mobiliare, all'ufficiale giudiziario territorialmente «competente» (art. 492 *bis*, comma 3°, cod. proc. civ.). A tal fine, il creditore ha quindici giorni di tempo, che decorrono dal rilascio del verbale, a pena d'inefficacia della richiesta originaria.

Tuttavia, nonostante la sopravvenuta inefficacia del procedimento, che non potrà più proseguire nelle forme del pignoramento mobiliare, è ovvio che l'informazione sarà comunque legittimamente acquisita dal creditore, il quale potrà avviare un ulteriore procedimento di pignoramento, sostenendone i relativi costi.

Considerato che i beni individuati nelle banche dati potrebbero non essere rinvenuti nei luoghi di appartenenza del debitore, sono previsti speciali obblighi di *disclosure* a suo carico: l'ufficiale giudiziario deve in tal caso intimare al debitore di indicare entro quindici giorni il luogo in cui i beni si trovano, avvertendolo che l'omessa o la falsa comunicazione è punita a norma dell'articolo 388, comma 6°, cod. pen. (art. 492 *bis*, comma 4°, cod. proc. civ.) (65). Tale disposizione prevede, appunto, la pena della reclusione fino ad un anno o la multa fino a 516 euro a carico del debitore, ovvero dell'amministratore, direttore generale o liquidatore della società debitrice, il quale, invitato dall'ufficiale giudiziario a fornire indicazioni sul luogo in cui le cose si trovano, ometta di rispondere nel termine di quindici giorni dalla richiesta oppure effettui una falsa dichiarazione.

Questo obbligo di fornire informazioni – che pare espressione di un obbligo di collaborazione processuale (66) – si ag-

---

(65) V., in proposito, L. D'AGOSTO, S. CRISCUOLO, *Prime note sulle «misure urgenti di degiurisdizionalizzazione e altri interventi per la definizione dell'arretrato in materia di processo civile»*, cit., p. 34 s.

(66) Per più ampie riflessioni, con riferimento al processo di cognizione, mi permetto di rinviare a M. GRADI, *Sincerità dei litiganti ed etica della narrazione nel processo civile*, in *Lo Sguardo. Rivista di filosofia*, 2012, vol. VIII (*Etica della*

giunge peraltro a quello, sempre previsto a carico del debitore, di indicazione di beni utilmente pignorabili, dei luoghi in cui essi si trovano e delle generalità dei terzi debitori, nel caso di pignoramento insufficiente o complesso, ossia di rinvenimento – durante la procedura esecutiva – di beni insufficienti o di lunga liquidazione, già previsto dal combinato disposto degli artt. 492, comma 4°, cod. proc. civ. e 388, comma 6°, cod. pen. (67).

Se invece l'accesso alle banche dati ha consentito di individuare crediti del debitore o cose di quest'ultimo che sono nella disponibilità di terzi, l'ufficiale giudiziario notifica d'ufficio, ove possibile a mezzo posta elettronica certificata ai sensi dell'art. 149 *bis* cod. proc. civ. o a mezzo telefax, al debitore e al terzo il verbale redatto al termine della ricerca, anche se – per opportune ragioni di *privacy* – è previsto che il verbale in questione sia notificato al terzo *debitor debitoris* solo per estratto, contenente esclusivamente i dati a quest'ultimo riferibili (art. 492 *bis*, comma 5°, cod. proc. civ.).

L'atto notificato dovrà anche contenere l'indicazione del credito per cui si procede, del titolo esecutivo e del precetto, dell'indirizzo di posta elettronica certificata del creditore pro-

---

responsabilità: applicazioni e problemi), p. 95 ss.; ID., *Il divieto di menzogna e di reticenza processuale delle parti nella dottrina e nella giurisprudenza italiana*, in *Teoria do processo. Panorama doutrinario mundial*, a cura di FREDIE DIDIER Jr., vol. II, Salvador, 2010, p. 645 ss.

(67) A tale riguardo, v. F. AULETTA, *La dichiarazione del debitore sulla propria responsabilità patrimoniale: per un ripensamento dei sistemi di* compulsory revelation of assets *a due secoli dall'abolizione dell'arresto per debiti*, in *Riv. esecuz. forzata*, 2014, p. 225 ss.; in giurisprudenza, Cass. pen., sez. VI, 26 aprile 2012, n. 26060, in *Foro it.*, 2013, II, c. 300 ss.; Cass. pen., sez. VI, 23 ottobre 2012, n. 41682, in *Rep. Foro it.*, 2012, voce *Mancata esecuzione dolosa*, n. 5, secondo la quale, ai fini della sussistenza del reato previsto dall'art. 388, comma 6°, cod. pen., l'invito dell'ufficiale giudiziario al debitore deve contenere espressamente l'avvertimento della sanzione penale per l'omessa o falsa dichiarazione, nonché l'indicazione espressa del termine entro il quale tale dichiarazione deve essere resa.

cedente (68), del luogo in cui il creditore ha eletto domicilio o ha dichiarato di essere residente, oltre all'ingiunzione, all'invito e all'avvertimento al debitore di cui all'art. 492, commi 1°, 2° e 3°, cod. proc. civ., nonché all'intimazione al terzo di non disporre delle cose o delle somme dovute, nei limiti di cui all'art. 546 cod. proc. civ. (art. 492 *bis*, comma 5°, cod. proc. civ.).

Quando, infine, l'accesso alle banche dati tramite l'ufficiale giudiziale ha consentito di individuare più crediti del debitore o più cose di quest'ultimo che sono nella disponibilità di terzi, oppure quando tali beni sono stati individuati unitamente a cose che si trovano presso i luoghi di appartenenza del debitore, l'ufficiale giudiziario sottopone ad esecuzione solo i beni scelti dal creditore (art. 492 *bis*, commi 6° e 7°, cod. proc. civ.) (69).

Al fine di consentire tale scelta, dunque, ai sensi dell'art. 155 *ter*, comma 2°, disp. att. cod. proc. civ., l'ufficiale giudiziario comunica al creditore procedente le banche dati interrogate e le informazioni dalle stesse risultanti a mezzo telefax o posta elettronica anche non certificata, dandone altresì atto a verbale. A questo punto, il creditore ha quindi l'onere di indicare all'ufficiale giudiziario i beni da sottoporre ad esecuzione, entro dieci giorni dalla comunicazione, a pena di inefficacia del procedimento; in caso di sopravvenuta inefficacia tuttavia, deve ritenersi che il creditore possa avviare una nuova procedura esecutiva, anche sulla base delle informazioni acquisite, ma ovviamente sostenendo nuovamente i relativi costi.

In considerazione della possibilità di passaggio dal procedimento di ricerca di cui all'art. 492 *bis* cod. proc. civ. al pignoramento vero e proprio ai sensi dell'art. 492 cod. proc. civ., deve quindi oggi ritenersi che l'istanza per la ricerca dei beni

---

(68) Che deve infatti essere indicato nell'istanza *ex* art. 492 *bis* cod. proc. civ., come si già rilevato *supra*, § 4.

(69) V., in proposito, L. D'AGOSTO, S. CRISCUOLO, *Prime note sulle «misure urgenti di degiurisdizionalizzazione e altri interventi per la definizione dell'arretrato in materia di processo civile»*, cit., p. 35 s.

costituisca una nuova modalità per dare avvio al processo esecutivo (in caso di espropriazione mobiliare o presso terzi), che dunque richiede la previa notificazione al debitore esecutato del titolo esecutivo e del precetto (70).

Il tradizionale avvio dell'esecuzione con l'accesso presso i luoghi di appartenenza del debitore o con la notifica dell'atto di pignoramento presso terzi resta ovviamente ancora possibile: il creditore procedente vi farà ragionevolmente ricorso, senza passare dal procedimento di ricerca di cui all'art. 492 *bis* cod. pro. civ., nel caso in cui sia già in possesso di informazioni sufficienti in ordine ai beni del debitore: come vedremo, questa scelta ha significative conseguenze in ordine all'ammontare delle spese dell'esecuzione (71).

5. – *Spese dell'indagine*.

Come si è già accennato, l'accesso alle banche dati telematiche è gratuito, ma – ai sensi dell'art. 14, comma 1° *bis*, del t.u. delle spese di giustizia – la parte che fa ne istanza a norma dell'art. 492 *bis*, comma 1°, cod. proc. civ. è tenuta al pagamento contestuale del contributo unificato (72).

Al fine di favorire la fruttuosità della ricerca dei beni pignorabili, nonché dei pignoramenti eseguiti a cura dell'ufficiale giudiziario, è stato inoltre introdotto un significativo incentivo all'ausiliario del giudice, sotto forma di compenso ulteriore, che ai sensi dell'art. 122 d.p.r. 15 dicembre 1959, n. 1229, rientra

---

(70) V. anche *supra*, § 2.
(71) V. *infra*, § 5.
(72) Ai sensi dell'art. 13, comma 1° *quinquies*, d.p.r. 30 maggio 2002, n. 115, per il procedimento introdotto con l'istanza di cui all'articolo 492 *bis* cod. proc. civ. il contributo dovuto è pari a 43 euro, ma è precisato che non trova applicazione l'art. 30 del t.u. delle spese di giustizia (relativo all'anticipazione forfettaria per diritti, indennità di trasferta e spese di spedizione, pari all'importo di 27 euro).

tra le spese dell'esecuzione e che deve essere stabilito dal giudice dell'esecuzione, nella seguente misura (che appare, in verità, assai eccessiva):

a) in una percentuale del 5% sul valore di assegnazione o sul ricavato della vendita dei beni mobili pignorati fino all'importo di 10.000 euro; in una percentuale del 2% sull'importo successivo da 10.001 a 25.000 euro; e infine in una percentuale dell'1% sull'importo superiore;

b) in una percentuale del 6% sul ricavato della vendita o sul valore di assegnazione dei beni mobili pignorati ai sensi dell'art. 492 *bis* cod. proc. civ., nonché – in questo caso – anche dei crediti pignorati a seguito di tale procedimento di ricerca, fino all'importo di 10.000 euro; in una percentuale del 4% sull'importo successivo da 10.001 a 25.000 euro; e infine in una percentuale del 3% sull'importo superiore.

È previsto che, in caso di conversione del pignoramento su richiesta dal debitore ai sensi dell'art. 495 del cod. proc. civ., il compenso per l'ufficiale giudiziario subisca però una riduzione *ex dimidia* (73). In ogni caso, inoltre, al fine di evitare conseguenze irragionevoli, il compenso dell'ufficiale giudiziario non può essere comunque superiore ad un tetto massimo, pari al 5% del valore del credito per cui si procede (74).

---

(73) Più precisamente, ai sensi dell'art. 122 d.p.r. n. 1229/1959, esso è determinato secondo le percentuali previste per la vendita o per l'assegnazione dei beni mobili rinvenuti senza accesso alle banche dati, ridotte della metà, applicate al valore dei beni o dei crediti pignorati oppure, se maggiore, all'importo della somma versata.

(74) Con spirito indubbiamente «corporativo», l'art. 122 d.p.r. n. 1229/1959 prevede che le somme complessivamente percepite per la ricerca e per il pignoramento dei beni siano attribuite, dall'ufficiale giudiziario dirigente l'ufficio, nella misura del 60% all'ufficiale o al funzionario che ha proceduto alle operazioni di pignoramento. La residua quota del 40% è invece distribuita, sempre dall'ufficiale giudiziario dirigente l'ufficio, in parti uguali, tra tutti gli altri ufficiali e funzionari preposti al servizio esecuzioni.

Nel caso in cui l'ufficiale o il funzionario che ha eseguito il pignoramento sia diverso da colui che ha interrogato le banche dati previste dagli artt.

Siffatto compenso, da calcolarsi dunque per scaglioni salvo il limite del 5% del valore del credito, è computato nelle spese dell'esecuzione, di guisa che risulta a carico del debitore in virtù della regola di cui all'art. 95 cod. proc. civ.: ciò potrebbe anche spingere il creditore, che sia già a conoscenza dell'esistenza di beni del debitore sufficienti a soddisfare il suo credito, ad avanzare l'istanza *ex* art. 492 *bis* cod. proc. civ., al solo fine di aggravare le spese esecutive in pregiudizio del debitore, con chiara violazione del principio di lealtà processuale.

Tuttavia, questa strategia processuale potrebbe ritorcersi contro il suo autore, considerato che, in caso di estinzione o di chiusura anticipata del processo esecutivo, il compenso previsto per l'ufficiale giudiziario è posto a carico del creditore procedente, dovendo essere liquidato nella stessa percentuale sopra indicata, calcolata sul valore dei beni pignorati o, se maggiore, sul valore del credito per cui si procede (75).

---

492 *bis* cod. proc. civ. e 155 *quater* disp. att. cod. proc. civ., il compenso spettante all'ausiliario è attribuito nella misura del 50% ciascuno.

(75) Ciò pone peraltro un problema di tutela del creditore «onesto», posto che la riforma attuata con il d.l. n. 132/2014 ha anche introdotto un'ipotesi di chiusura anticipata del processo esecutivo per infruttuosità dell'esecuzione: in proposito, v. *infra*, § 10.

Nel caso di inefficacia del procedimento avviato con l'istanza di accesso alle banche dati di cui all'art. 492 *bis* cod. proc. civ. (su cui v. *supra*, § 4), a seguito della quale non si realizza – per la verità – alcun pignoramento, all'ufficiale giudiziario non dovrebbe spettare il compenso determinato ai sensi dell'art. 122 d.p.r. n. 1229/1959, che appunto si calcola sul ricavato dei beni o dei crediti *pignorati*: il calcolo di tale compenso sul valore del credito per cui si procede, se superiore, a cui tale disposizione fa riferimento per il caso di estinzione o di chiusura anticipata del processo esecutivo, sembra infatti comunque presupporre la preventiva esecuzione del pignoramento.

6. – *Ricerca dei beni ai fini del sequestro conservativo e nei procedimenti relativi alla ricostruzione dell'attivo e del passivo (in materia di famiglia, di gestione di patrimoni altrui e di procedure concorsuali).*

Le «indagini esplorative» relative all'esistenza di beni possono essere impiegate non solo in sede di ricerca dei beni pignorabili ai fini dell'esecuzione, ma anche – ai sensi dell'art. 155 *sexies* disp. att. cod. proc. civ. – ai fini dell'attuazione del sequestro conservativo, nonché per la ricostruzione dell'attivo e del passivo nell'ambito dei procedimenti in materia di famiglia, dei procedimenti relativi alla gestione di patrimoni altrui e delle procedure concorsuali.

Sotto il primo profilo, relativo all'esecuzione del sequestro conservativo sui beni (così, la definisce l'art. 678 cod. proc. civ.), la ricerca con modalità telematiche delle cose da sequestrare presenta indubbie affinità rispetto alle finalità e all'oggetto della ricerca dei beni rivolta al pignoramento. Si tratta, insomma, di un'attività *lato sensu* esecutiva, per la cui realizzazione può essere necessario acquisire informazioni sui beni del debitore che sfuggono al patrimonio di conoscenze del creditore sequestrante (76).

In questo modo, è resa maggiormente effettiva la possibilità di compiere sequestri conservativi su beni mobili o su crediti del debitore, che possono invero esserne oggetto ai sensi dell'art. 671 cod. proc. civ. (77); ai fini dell'autorizzazione *ex* art. 492 *bis* cod. proc. civ., la parte dovrà presentare al presidente del tribunale il provvedimento di autorizzazione del se-

---

(76) Già in precedenza, peraltro, le modalità di ricerca dei beni previste dall'art. 492, commi 7° e 8°, cod. proc. civ., erano state ritenute applicabili all'attuazione del sequestro conservativo, in ragione della sua natura di «pignoramento anticipato»: v. Trib. Milano, 7 gennaio 2008, cit.; in senso conforme, M.C. GIORGETTI, *L'ufficiale giudiziario può ricercare le «scritture contabili» anche nell'esecuzione del sequestro conservativo*, cit., p. 2281.

(77) In proposito, v. M. GIACOMELLI, in *sub* art. 671, in *Codice di procedura civile commentato*, 5ª ed., diretta da C. CONSOLO, cit., vol. III, p. 516 ss.

questro ottenuto in sede cautelare (che non sia stato revocato ai sensi dell'art. 669 *decies* cod. proc. civ., o travolto in sede di reclamo ai sensi dell'art. 669 *terdecies* cod. proc. civ., o ancora divenuto inefficace ai sensi dell'art. 669 *novies* cod. proc. civ.), ma in tal caso senza necessità di preventiva notifica del titolo e del precetto al debitore sequestrato (78).

Come si è già rilevato, però, l'indagine sulle banche dati può adesso servire anche per la ricostruzione dell'attivo e del passivo nell'ambito di particolari processi di cognizione (79). A questo riguardo, la disposizione, che risulta insolitamente nascosta nelle disposizioni di attuazione del codice di rito ed anche collocata fuori dalla sua sede naturale, che sarebbe quella dell'istruzione probatoria, è senza dubbio assai interessante (80).

---

(78) Per l'inapplicabilità delle disposizioni relative alla notifica del titolo esecutivo e del precetto ai fini dell'attuazione del sequestro conservativo, v., in particolare, E. VULLO, *L'attuazione dei provvedimenti cautelari*, Torino, 2001, p. 301; nonché, anche per ulteriori riferimenti, M. GIACOMELLI, in *sub* art. 678, in *Codice di procedura civile commentato*, 5ª ed., diretta da C. CONSOLO, cit., vol. III, p. 609.

(79) V. anche *supra*, I, § 5.

(80) Tra le informazioni utili ai fini della ricostruzione dell'attivo o del passivo, si ricorda che, ai sensi dell'art. 7, comma 9°, d.p.r. 29 settembre 1973, n. 605, gli amministratori di condominio devono comunicare annualmente all'anagrafe tributaria l'ammontare dei beni e dei servizi acquistati e i dati identificativi dei relativi fornitori. L'art. 19, comma 5°, del decreto, emendando la suddetta disposizione, ha stabilito che anche tali informazioni siano utilizzabili dall'autorità giudiziaria nell'ambito di procedimenti in materia di famiglia, di procedimenti relativi alla gestione di patrimoni altrui e di procedure concorsuali. Per l'accesso a questi dati, l'autorità giudiziaria «si avvale» – in questa ipotesi, a quanto pare, anche d'ufficio – dell'ufficiale giudiziario secondo le disposizioni relative alla ricerca dei beni con modalità telematiche *ex* art. 492 *bis* cod. proc. civ., salva l'applicazione dell'art 155 *quinquies* disp. att. cod. proc. civ. per il caso di malfunzionamento (art. 19, comma 6°, d.l. n. 132/2014): v. in proposito anche *supra*, § 2 e § 3.

In particolare, volendo qui limitare l'analisi al caso della ricostruzione dell'attivo e del passivo nei procedimenti in materia di famiglia o relativi alla gestione di patrimoni altrui, occorre osservare che la disposizione riguarda la fase istruttoria di questi procedimenti, finalizzata non già all'esecuzione del provvedimento giudiziale, bensì a consentire la decisione nel merito della causa proprio nelle ipotesi in cui, direi quasi strutturalmente, fra le parti intercorre una significativa asimmetria informativa.

Nella materia familiare, il legislatore processuale era già peraltro intervenuto con disposizioni speciali prevedendo la possibilità per il giudice di svolgere, anche per il tramite della polizia giudiziaria, indagini sui redditi e sulla situazione patrimoniale dei coniugi ai fini dell'adozione dei propri provvedimenti: si tratta di casi in cui al giudice sembrano riconosciuti *poteri inquisitori* di c.d. «istruzione primaria», con i quali allo stesso è insomma consentito di indagare la realtà extra-processuale alla ricerca di informazioni e prove sui fatti, salvo precisare che sono assai controversi i presupposti ed i limiti per l'esercizio di tali poteri (81).

Si pensi, in particolare, all'art. 5, comma 9°, l. div., in base al quale è imposto ai coniugi, in sede di giudizio di divorzio, l'obbligo di presentare all'udienza di comparizione avanti al presidente del tribunale la propria dichiarazione dei redditi e ogni documentazione relativa ai redditi e al patrimonio personale e comune (82). È poi previsto che, in caso di contestazioni,

---

(81) In proposito, v. l'attento esame di E. FABIANI, *I poteri istruttori del giudice civile*, vol. I, *Contributo al chiarimento del dibattito*, Napoli, 2008, p. 645 ss.

(82) A tale proposito, merita di essere segnalata l'eccentrica Trib. Roma, 25 novembre 2011, in *Famiglia e dir.*, 2012, p. 386 ss., con nota di M.N. BUGETTI, *Tentativi di disclosure (all'italiana) nei processi di separazione e di divorzio*, secondo la quale, nella fase presidenziale dei procedimenti di separazione e di divorzio, il presidente, nel fissare l'udienza di comparizione ed i termini per la notificazione del decreto e del deposito della memoria difensiva del convenuto, può disporre un termine ad entrambe le parti per il deposito

il tribunale possa disporre indagini sui redditi, sui patrimoni e sull'effettivo tenore di vita, valendosi, se del caso, anche della polizia tributaria (83).

Similmente, con riferimento all'emanazione di provvedimenti relativi ai figli, da emettere in particolare (ma non solo) nell'ambito giudizio di separazione personale dei coniugi, la disposizione *olim* contenuta nell'art. 155, comma 6°, cod. civ. – ed ora trasfusa nell'art. 337 *ter*, comma 7°, cod. civ. – consente al giudice di disporre, in caso di informazioni economiche insufficienti fornite dai genitori, un accertamento della polizia tributaria sui redditi e sui beni oggetto della contestazione, anche se intestati a soggetti diversi (84).

---

delle dichiarazioni dei redditi degli ultimi tre anni, nonché di una dichiarazione sostitutiva di atto notorio – ai sensi e per gli effetti di cui al d.p.r. n. 445/2000 (e quindi con l'obbligo di verità penalmente sanzionato) – contenente l'indicazione di circostanze inerenti al reddito e al patrimonio di ciascuno dei coniugi.

(83) In giurisprudenza, v. Cass. civ., sez. I, 21 settembre 2012, n. 16094; Cass. civ., sez. I, 28 gennaio 2011, n. 2098, in *Foro it.*, 2012, I, c. 234 ss., con nota di G. DE MARZO, *Le indagini patrimoniali nei processi di separazione e divorzio*. Quest'ultima pronuncia ha, in particolare, affermato che l'esercizio di tale potere istruttorio del giudice non può però sopperire alla carenza probatoria della parte onerata, ma vale soltanto ad assumere, attraverso uno strumento a questa non consentito, informazioni integrative del «bagaglio istruttorio» già fornito, incompleto o non completabile attraverso gli ordinari mezzi di prova; inoltre, tale potere non può essere attivato a fini meramente esplorativi, sicché la relativa istanza e la contestazione di parte dei fatti incidenti sulla posizione reddituale del coniuge tenuto al mantenimento devono basarsi su fatti specifici e circostanziati.

(84) In proposito, in relazione al testo dell'art. 155, comma 6°, cod. civ., anteriore alle riforma adottata con d.lgs. 28 dicembre 2013, n. 154, v. G. FANTICINI, *Accertamento delle potenzialità economiche delle parti, anche a mezzo della polizia giudiziaria*, in *Famiglia, persone e successioni*, 2006, p. 928 ss., spec. p. 932 ss.

Con riferimento alla riforma del diritto processuale della famiglia attuata con il richiamato d.lgs. n. 154/2013, v., in generale, F. TOMMASEO, *I profili processuali della riforma della filiazione*, in *Famiglia e dir.*, 2014, p. 526 ss.; F. DANOVI, *Il d.leg. n. 154/2013 e l'attuazione della delega sul versante processuale:*

Si consideri, altresì, l'art. 736 *bis*, comma 2°, cod. proc. civ., relativo ai procedimenti per l'emanazione degli ordini di protezione contro gli abusi familiari di cui all'art. 342 *bis* cod. civ., in relazione ai quali il giudice può disporre d'ufficio, quando occorra, anche per mezzo della polizia tributaria, indagini sui redditi, sul tenore di vita e sul patrimonio personale e comune delle parti (85).

Con riferimento ai giudizi sulla gestione dei patrimoni altrui, occorre infine considerare che l'indagine sui beni, adesso consentita, potrebbe superare eventuali difficoltà di accertamento che, secondo la disciplina del giudizio civile di rendiconto, potevano essere risolte, in caso di mancata collaborazione della parte tenuta a presentare il conto, con l'eccezionale giuramento *pro se* del creditore ai sensi dell'art. 265 cod. proc. civ. (86).

La nuova disposizione di cui all'art. 155 *sexies* disp. att. cod. proc. civ. opera adesso più in generale (87), vuoi per i procedimenti in materia di famiglia, vuoi per i procedimenti in materia di gestione di patrimoni altrui, oltre che per le procedure concorsuali, trovando applicazione – anche ai procedimenti già pendenti – a decorrere dal giorno 11 novembre.

---

l'ascolto del minore e il diritto dei nonni alla relazione affettiva, in *Famiglia e dir.*, 2014, p. 535 ss.; A. NERI, *Aspetti processuali dei recenti interventi legislativi in tema di filiazione*, in *Riv. dir. proc.*, 2010, p. 1090 ss.

(85) Sul punto, v. G. BASILICO, *Profili processuali degli ordini di protezione familiare*, in *Riv. dir. proc.*, 2011, p. 1127.

(86) A tale riguardo, v. F.P. LUISO, voce *Rendiconto (diritto privato e diritto processuale civile)*, in *Enc. dir.*, vol. XXXIX, Milano, 1988, p. 804 s.; G. RAMPAZZI GONNET, *Il giudizio civile di rendiconto*, Milano, 1991, p. 150 ss.

(87) Per quanto riguarda le spese relative all'indagine, non sembra che possano trovare applicazione i compensi per l'ufficiale giudiziario di cui all'art. 122 d.p.r. n. 1229/1959 (su cui v. *supra*, § 5); ad ogni modo, pare che i relativi costi debbano seguire le regole per la ripartizione delle spese fra le parti, salvo l'onere di anticipazione ai sensi dell'art. 8 del t.u. delle spese di giustizia.

7. – *Espropriazione di beni mobili registrati (autoveicoli, motoveicoli e rimorchi).*

L'art. 521 *bis* cod. proc. civ., introdotto all'ultimo momento con un emendamento alla legge di conversione, ha previsto una nuova forma di pignoramento con riguardo ai beni mobili registrati quali autoveicoli, motoveicoli e rimorchi, per i quali in passato era necessario ricorrere al pignoramento mobiliare, con necessità quindi di rinvenire materialmente il suddetto bene nell'ambito dell'accesso dell'ufficiale giudiziario (88).

Ciò dava quindi adito ad alcune difficoltà di ritrovamento ed anche a pericoli di sottrazioni fraudolente dei beni (89), che

---

(88) Tale accesso può essere compiuto, ai sensi dell'art. 513 cod. proc. civ., nei luoghi di appartenenza del debitore, ma anche – previa autorizzazione del presidente del tribunale o del giudice da lui delegato, ovvero con il consenso del possessore – nei luoghi di appartenenza del terzo, qualora il debitore possa direttamente disporre della cosa: ciò che appunto avveniva nel caso di «vettura depositata in un'autorimessa», come rilevava puntualmente, *sub Julio*, C. MANDRIOLI, *Diritto processuale civile*, 20ª ed., Torino, 2009, vol. IV, p. 106 s.; sul punto, v. anche M. DALMAZZO, *L'espropriazione delle automobili custodite nelle pubbliche autorimesse*, in *Riv. dir. proc.*, 1998, p. 104 ss.

Qualora non si fossero verificate le suddette condizioni, il pignoramento del veicolo sarebbe invece dovuto avvenire nelle forme del pignoramento presso terzi. Inoltre, in ogni caso, una volta compiuto il pignoramento della vettura secondo le modalità previste, era necessario – per conseguire gli effetti di cui agli artt. 2913 ss. cod. civ. – eseguire la trascrizione dell'atto di pignoramento nel pubblico registro automobilistico ai sensi dell'art. 2693 cod. civ.: su quest'ultimo aspetto, v. G. COLAIACOMO, *sub* art. 2693, in *Codice civile*, 3ª ed., a cura di G. ALPA e V. MARICONDA, cit., vol. I, p. 2960 s.

(89) V., ad esempio, Pret. Castellamare del Golfo, 28 gennaio 1988, in *Arch. pen.*, 1988, p. 642., che aveva dovuto esaminare il caso di un debitore che, dopo aver ricevuto la notificazione del titolo esecutivo e del precetto, nonché l'ingiunzione dell'ufficiale giudiziario di cui all'art. 492 cod. proc. civ., riusciva con uno stratagemma ad allontanarsi a bordo dell'auto pignorata, sia pure prima della redazione del verbale di pignoramento: anche in tal caso, sussiste il reato di cui all'art. 388, comma 3°, cod. pen. (sottrazione di beni sottoposti a pignoramento).

almeno in parte possono essere adesso superate per il tramite della nuova forma di pignoramento di cui all'art. 521 *bis* cod. proc. civ., che trova applicazione a partire dal giorno 11 dicembre 2014 e che si esegue – come subito vedremo – tramite trascrizione dell'atto pignoratizio nel pubblico registro automobilistico, a cui segue l'obbligo del debitore di consegnare il mezzo.

Più precisamente, occorre in primo luogo rammentare la regola di competenza di cui al novellato art. 26, comma 2°, cod. proc. civ., la quale dispone che per l'esecuzione forzata su autoveicoli, motoveicoli e rimorchi è competente il giudice del luogo in cui il debitore ha la residenza, il domicilio, la dimora o la sede.

Quanto invece alle modalità del nuovo procedimento di cui all'art. 521 *bis* cod. proc. civ., il pignoramento di autoveicoli, motoveicoli e rimorchi si esegue mediante notificazione al debitore e successiva trascrizione nel pubblico registro automobilistico (**PRA**) di un atto nel quale si indicano esattamente, con gli estremi richiesti dalla legge speciale, i beni e i diritti che si intendono sottoporre ad esecuzione, e nel quale è altresì inserita l'ingiunzione prevista nell'art. 492 cod. proc. civ. (90).

L'atto di pignoramento contiene inoltre l'intimazione a consegnare entro dieci giorni i beni pignorati, nonché i titoli e i documenti relativi alla proprietà e all'uso dei medesimi, all'istituto vendite giudiziarie (**IVG**) autorizzato ad operare nel territorio del circondario nel quale è compreso il luogo in cui il debitore ha la residenza, il domicilio, la dimora o la sede.

Col pignoramento il debitore è inoltre costituito custode dei beni e di tutti gli accessori comprese le pertinenze e i frutti, senza diritto ad alcun compenso. Al momento della consegna, l'istituto vendite giudiziarie assume la custodia del bene pignorato e ne dà immediata comunicazione al creditore pignorante,

---

(90) S. Izzo, *Legge 10 novembre 2014, n. 162*, cit., p. 13.

a mezzo di posta elettronica certificata, qualora ciò sia possibile.

Decorso il termine di dieci giorni per la consegna del bene mobile registrato, gli organi di polizia che accertino la circolazione del veicolo procedono al ritiro della carta di circolazione, nonché, ove possibile, dei titoli e dei documenti relativi alla proprietà e all'uso dei beni pignorati; requisiscono insomma il bene pignorato e lo consegnano all'istituto vendite giudiziarie autorizzato ad operare nel territorio del circondario nel quale è compreso il luogo in cui il bene pignorato è stato rinvenuto. Da tale momento, l'istituto vendite giudiziarie assume la custodia del bene pignorato, sempre dandone immediata comunicazione al creditore pignorante, a mezzo posta elettronica certificata, ove possibile.

Quanto alle altre regole per il procedimento di espropriazione, l'art. 521 *bis*, comma 7°, cod. proc. civ. stabilisce che si applicano, in quanto compatibili, le disposizioni del capo relativo al pignoramento mobiliare presso il debitore.

8. – *Espropriazione presso terzi*.

In merito alla competenza per l'espropriazione presso terzi, è adesso previsto – con effetti a partire dal giorno 11 dicembre 2014 – che la competenza per i procedimenti di espropriazione dei crediti è radicata, salvo quanto previsto dalle leggi speciali, presso il tribunale del luogo di residenza, domicilio, dimora o sede del «debitore», ossia del debitore assoggettato all'esecuzione: così infatti dispone il nuovo art. 26 *bis*, comma 1°, cod. proc. civ., innovando rispetto al precedente testo dell'art. 26, comma 2°, cod. proc. civ., il quale prevedeva invece che la competenza per l'espropriazione dei crediti spettasse al giudice del luogo di residenza del «terzo debitore», ossia del *debitor debitoris*.

L'art. 26 *bis*, comma 1°, cod. proc. civ., stabilisce però che, quando il «debitore» è una delle pubbliche amministrazioni indicate dall'articolo 413, comma 5°, cod. proc. civ. (con le quali, a quanto è dato intendere, intercorre il rapporto di lavoro), per l'espropriazione forzata di crediti è competente, salvo quanto disposto dalle leggi speciali, il giudice del luogo dove il «terzo debitore» ha la residenza, il domicilio, la dimora o la sede (91).

Resta invece ferma la regola di competenza di cui all'art. 26, comma 1°, cod. proc. civ., dove è previsto che per l'esecuzione forzata su cose mobili, ivi incluso dunque il pignoramento di beni mobili presso il terzo, è competente il giudice del luogo in cui le cose si trovano.

Con riguardo alle regole della notifica, si registra un'altra importante innovazione, posto che nell'art. 543 cod. proc. civ. è stato soppresso l'inciso che stabiliva di «notificare personalmente al terzo e al debitore» l'atto di pignoramento ai sensi degli artt. 137 ss. cod. proc. civ.: questa norma era stata impiegata per escludere la possibilità della notifica a mezzo posta al terzo *debitor debitoris* (92), con interpretazione che trovava anche conforto in una circolare ministeriale (93).

Si creavano così non poche complicazioni, soprattutto perché ne restava impedita la possibilità di procedere ad un unico atto di pignoramento nel caso in cui la pluralità di terzi debitori risiedesse in luoghi diversi l'uno dall'altro, ossia non rientran-

---

(91) Come rileva A. BRIGUGLIO, *Nuovi ritocchi in vista per il processo civile*, cit., p. 19, la norma appare mal formulata, perché nella premessa fa riferimento al «debitore», mentre nelle conseguenze si riferisce al *debitor debitoris*, di guisa che poco se ne comprende la *ratio*, a meno che non se voglia dare una interpretazione correttiva, nel senso di riferire il criterio di collegamento indicato in premessa al «terzo debitore» e non al «debitore».

(92) V., ad esempio, il provvedimento presidenziale reso da App. Venezia, 7 marzo 2014, in *www.ilcaso.it*, 2014, conforme alla prassi di numerosi uffici giudiziari.

(93) Circolare Ministero della Giustizia, 20 luglio 2011, reperibile in *www.altalex.it* [26 settembre 2011].

ti nell'ambito di «competenza» dell'ufficiale giudiziario addetto alla notifica, che fuori dalla sua circoscrizione può appunto procedere soltanto alle notifiche a mezzo del servizio postale (94).

Ora, invece, questo inciso è scomparso, unitamente all'introduzione di una diversa regola di competenza (art. 26 *bis* cod. proc. civ.), per cui non potrà più dubitarsi della possibilità di procedere alla notificazione a mezzo posta al terzo debitore, né tantomeno della possibilità di cumulare, in unico procedimento, una pluralità di pignoramenti presso terzi (95).

Va aggiunto che, anche dopo quest'ultimo intervento legislativo, le norme che disciplinano la notifica dell'atto nell'espropriazione presso terzi non prevedono un ordine tassativo delle notifiche che anteponga – per ovvi motivi – quella eseguita al *debitor debitoris* rispetto a quella eseguita al debitore, anche se certamente appare consigliabile notificare l'atto di pignoramento in via preliminare al terzo debitore, proprio al fine di assicurare il credito da indebite iniziative del debitore.

Quanto alle modalità della dichiarazione del terzo, risulta oggi scomparsa la distinzione fra terzi debitori per ragioni «di lavoro» ai sensi dell'art. 545, commi 3° e 4°, cod. proc. civ. (che, prima della riforma, potevano rendere la dichiarazione solo in udienza) e terzi debitori per altre ragioni (che potevano invece rendere la dichiarazione a mezzo posta elettronica certi-

---

(94) Mi permetto di rinviare, in proposito, a M. Gradi, *sub* art. 59, in *Codice di procedura civile commentato*, 5ª ed., diretta da C. Consolo, cit., vol. I, p. 742.

(95) In passato, la giurisprudenza, riteneva infatti che, nel caso in cui i terzi risiedessero in luoghi appartenenti a diverse circoscrizioni di tribunali, non fosse possibile realizzare un unico pignoramento presso la pluralità dei terzi, in ragione dell'inderogabilità della regola di competenza di cui all'art. 26 cod. proc. civ., come prescritto dall'art. 28 cod. proc. civ., che non avrebbe potuto essere superata nemmeno per le ragioni di connessione di cui all'art. 33 cod. proc. civ.: v., in particolare, Cass. civ., sez. III, 2 agosto 2000 n. 10123, in *Rep. Foro it.*, 2000, voce *Esecuzione per obbligazioni pecuniarie*, n. 58.

ficata o lettera raccomandata inviata al creditore procedente) (96).

L'art. 543 cod. proc. civ., come oggi modificato, dispone infatti che l'atto di pignoramento deve contenere la citazione del debitore a comparire davanti al giudice competente, con l'invito al terzo – quale che sia la natura del suo debito – a trasmettere al creditore procedente, entro dieci giorni, la dichiarazione di cui all'art. 547 cod. proc. civ., a mezzo raccomandata, ovvero a mezzo di posta elettronica certificata.

Assai opportunamente, è inoltre previsto che l'atto di pignoramento debba contenere l'avvertimento al *debitor debitoris* che, in caso di mancata dichiarazione, la stessa dovrà essere resa dal terzo comparendo in un'apposita udienza che sarà all'uopo fissata dal giudice; ed anche che, qualora il terzo non compaia nemmeno in tale udienza o, pur comparendo, non renda alcuna dichiarazione, il credito pignorato o il possesso di cose di appartenenza del debitore, nell'ammontare o nei termini indicati dal creditore, si considereranno non contestati ai fini del procedimento in corso, nonché dell'esecuzione fondata sul provvedimento di assegnazione (art. 543, comma 2°, n. 4, cod. proc. civ.).

Sempre in virtù dell'unificazione delle modalità della dichiarazione del terzo, l'art. 547, comma 1°, cod. proc. civ., prevede adesso che con dichiarazione a mezzo raccomandata inviata al creditore procedente o trasmessa a mezzo di posta elettronica certificata, il terzo, personalmente o a mezzo di procuratore speciale o di difensore munito di procura speciale, deve specificare di quali cose o di quali somme è debitore o si trova in possesso, precisando altresì quando ne deve eseguire il pagamento o la consegna.

Infine, è disposto che se all'udienza il creditore afferma di non aver ricevuto la dichiarazione, il giudice fissa un'udienza

---

(96) Sul punto, v. C. CONSOLO, *Un d.l. processuale in bianco e nerofumo sullo equivoco della «degiurisdizionalizzazione»*, cit., p. 1181.

successiva, con ordinanza notificata al terzo almeno dieci giorni prima della nuova udienza. Ciò si impone perché, come è stato rilevato, il legislatore non ritiene di potersi affidare alla mera dichiarazione del creditore di non aver ricevuto la comunicazione del terzo, posto che altrimenti assai evidenti sarebbero gli incentivi per il creditore di trarre vantaggio dalla propria menzogna processuale (97).

Se il terzo non compare alla nuova udienza o, comparendo, rifiuta di fare la dichiarazione, il credito pignorato o il possesso del bene di appartenenza del debitore si considera non contestato ai fini del procedimento in corso, oltre che dell'esecuzione fondata sul provvedimento di assegnazione, e il giudice provvede, appunto, all'assegnazione, ai sensi degli artt. 552 e 553 cod. proc. civ.: a tale proposito, va però sottolineato, che giusta la lettera della legge, il credito si intende riconosciuto, ovvero il possesso del bene si intende ammesso, soltanto nel *quantum* e nei termini indicati dal creditore procedente, il quale – per ottenere questo effetto in caso di silenzio del terzo debitore – dovrà appunto precisare l'importo del credito o la descrizione del bene nell'atto di pignoramento (98), il che può risultare assai problematico nel caso di asimmetrie informative.

A tal fine, tuttavia, il creditore procedente può oggi avvalersi del procedimento di ricerca dei beni da pignorare mediante accesso alle banche dati telematiche ai sensi dell'art. 492 *bis* cod. proc. civ., all'esito del quale si potrà procedere direttamente, ossia senza soluzione di continuità, agli adempimenti necessari ad eseguire il pignoramento presso terzi (99).

---

(97) Per tale rilievo, v. A. SALETTI, *Le novità dell'espropriazione presso terzi*, in *Riv. esecuz. forzata*, 2013, § 3.

(98) Sul problema del grado di specificità dell'atto di pignoramento presso terzi, v. A. SALETTI, *Le novità dell'espropriazione presso terzi*, cit., § 4.

(99) Al riguardo, v. anche *supra*, § 1 e § 4.

9. – *Iscrizione a ruolo del processo esecutivo e inefficacia del pignoramento.*

Un'ulteriore significativa novità relativa all'esecuzione forzata concerne l'introduzione del *principio dell'impulso di parte* al fine della prosecuzione dell'*iter* esecutivo dopo il compimento delle formalità del pignoramento. Più precisamente, per effetto del d.l. n. 132/2014, dopo aver eseguito il pignoramento, l'ufficiale giudiziario non procede più a depositare il titolo esecutivo, il precetto e l'atto di pignoramento (nonché l'eventuale nota di trascrizione) presso il cancelliere, per la formazione d'ufficio del fascicolo dell'esecuzione.

Adesso, infatti, una volta compiuto il pignoramento secondo le modalità previste, l'ufficiale giudiziario restituisce gli atti al creditore procedente, il quale ha a questo punto l'onere di provvedere all'iscrizione a ruolo del processo esecutivo e, contestualmente, a depositare presso la cancelleria del giudice il titolo esecutivo, il precetto e l'atto di pignoramento (nonché l'eventuale nota di trascrizione).

Questo adempimento, infatti, è adesso posto espressamente a carico della parte procedente, entro un termine perentorio variabile a seconda della forma del pignoramento (di quindici o trenta giorni), dall'art. 518, comma 6° cod. proc. civ. con riferimento al pignoramento mobiliare (100), dall'art. 521 *bis*,

---

(100) L'art. 518, comma 6° cod. proc. civ., dispone, infatti, che: «Compiute le operazioni, l'ufficiale giudiziario consegna senza ritardo al creditore il processo verbale, il titolo esecutivo e il precetto. Il creditore deve depositare nella cancelleria del tribunale competente per l'esecuzione la nota di iscrizione a ruolo, con copie conformi degli atti di cui al periodo precedente, entro quindici giorni dalla consegna. La conformità di tali copie è attestata dall'avvocato del creditore ai soli fini del presente articolo. Il cancelliere al momento del deposito forma il fascicolo dell'esecuzione. Sino alla scadenza del termine di cui all'articolo 497 copia del processo verbale è conservata dall'ufficiale giudiziario a disposizione del debitore. Il pignoramento perde efficacia quando la nota di iscrizione a ruolo e le copie degli atti di cui

commi 5° e 6°, cod. proc. civ. con riferimento al pignoramento di beni mobili registrati (101), dall'art. 543, comma 4°, cod. proc. civ. con riferimento all'espropriazione presso terzi (102) e dall'art. 557 cod. proc. civ. con riferimento all'espropriazione immobiliare (103).

---

al primo periodo del presente comma sono depositate oltre il termine di *quindici giorni* dalla consegna al creditore» (corsivo mio).

(101) L'art. 521 *bis*, commi 5° e 6°, cod. proc. civ., prevede, infatti, che: «Eseguita l'ultima notificazione, l'ufficiale giudiziario consegna senza ritardo al creditore l'atto di pignoramento perché proceda alla trascrizione nei pubblici registri. Entro *trenta giorni* dalla comunicazione di cui al terzo comma, il creditore deve depositare nella cancelleria del tribunale competente per l'esecuzione la nota di iscrizione a ruolo, con copie conformi del titolo esecutivo, del precetto, dell'atto di pignoramento e della nota di trascrizione. La conformità di tali copie è attestata dall'avvocato del creditore ai soli fini del presente articolo. – Il cancelliere forma il fascicolo dell'esecuzione. Il pignoramento perde efficacia quando la nota di iscrizione a ruolo e le copie dell'atto di pignoramento, del titolo esecutivo e del precetto sono depositate oltre il termine di cui al quinto comma» (corsivo mio).

(102) L'art. 543, comma 4°, cod. proc. civ., stabilisce, infatti, che: «Eseguita l'ultima notificazione, l'ufficiale giudiziario consegna senza ritardo al creditore l'originale dell'atto di citazione. Il creditore deve depositare nella cancelleria del tribunale competente per l'esecuzione la nota di iscrizione a ruolo, con copie conformi dell'atto di citazione, del titolo esecutivo e del precetto, entro trenta giorni dalla consegna. La conformità di tali copie è attestata dall'avvocato del creditore ai soli fini del presente articolo. Il cancelliere al momento del deposito forma il fascicolo dell'esecuzione. Il pignoramento perde efficacia quando la nota di iscrizione a ruolo e le copie degli atti di cui al secondo periodo sono depositate oltre il termine di *trenta giorni* dalla consegna al creditore» (corsivo mio).

(103) Ai sensi dell'art. 557 cod. proc. civ., rubricato «Deposito dell'atto di pignoramento», è disposto che: «Eseguita l'ultima notificazione, l'ufficiale giudiziario consegna senza ritardo al creditore l'atto di pignoramento e la nota di trascrizione restituitagli dal conservatore dei registri immobiliari. – Il creditore deve depositare nella cancelleria del tribunale competente per l'esecuzione la nota di iscrizione a ruolo, con copie conformi del titolo esecutivo, del precetto, dell'atto di pignoramento e della nota di trascrizione entro quindici giorni dalla consegna dell'atto di pignoramento. La conformità di tali copie è attestata dall'avvocato del creditore ai soli fini del presente articolo. Nell'ipotesi di cui all'articolo 555, ultimo comma, il creditore

Inoltre, ai sensi dell'artt. 159 *bis* disp. att. cod. proc. civ., è previsto che il deposito della nota di iscrizione a ruolo – che deve contenere l'indicazione delle parti, delle generalità e del codice fiscale del creditore procedente e del difensore, nonché della cosa oggetto del pignoramento eseguito (104) – debba avvenire secondo modalità telematiche, ai sensi del nuovo art. 16 *bis*, comma 2°, d.l. 18 ottobre 2012, n. 179, convertito in l. 17 dicembre 2012, n. 221.

Unitamente alla nota di iscrizione a ruolo, devono essere altresì depositati, con le medesime modalità telematiche, le copie conformi degli atti indicati, rispettivamente, dagli artt. 518, comma 6°, 543, comma 4°, e 557, comma 2°, cod. proc. civ., ovvero dall'art. 521 *bis* cod. proc. civ.: per semplificare gli adempimenti, è però previsto che l'avvocato difensore abbia uno straordinario potere di certificazione della conformità delle copie degli atti depositati.

In caso di mancato o di ritardato deposito della nota di iscrizione a ruolo, è prevista la sanzione di inefficacia del pignoramento, ai sensi dell'art. 164 *ter* disp. att. cod. proc. civ.: in tal caso, ossia quando il pignoramento è divenuto inefficace per mancato deposito della nota di iscrizione a ruolo nel termine stabilito, il creditore è tenuto a farne apposita dichiarazione al debitore e all'eventuale terzo, mediante atto notificato entro cinque giorni dalla scadenza del termine per l'iscrizione a ruolo esecutiva.

Tuttavia, anche in assenza di un tale adempimento a cura del creditore procedente, come dispone l'art. 164 *ter*, comma

---

deve depositare la nota di trascrizione appena restituitagli dal conservatore dei registri immobiliari. – Il cancelliere forma il fascicolo dell'esecuzione. Il pignoramento perde efficacia quando la nota di iscrizione a ruolo e le copie dell'atto di pignoramento, del titolo esecutivo e del precetto sono depositate oltre il termine di *quindici giorni* dalla consegna al creditore» (corsivo mio).

(104) Sempre ai sensi dell'artt. 159 *bis* disp. att. cod. proc. civ., il Ministro della giustizia, con proprio decreto avente natura «non regolamentare», può indicare ulteriori dati da inserire nella nota di iscrizione a ruolo.

1°, secondo periodo, disp. att. cod. proc. civ., «viene meno ogni obbligo del debitore e del terzo» *debitor debitoris*, la cui caducazione opera quindi di diritto per effetto del mancato deposito della nota di iscrizione a ruolo nei termini di legge. Pertanto, il terzo debitore può effettuare il pagamento del proprio debito in favore del debitore esecutato, ovvero consegnargli la cosa, e quest'ultimo torna libero di disporre del proprio diritto sui beni oggetto del pignoramento divenuto inefficace.

Nonostante l'infelice formulazione della norma, che stabilisce il venir meno di «ogni obbligo del debitore», non sembra però che il credito oggetto dell'azione esecutiva debba ritenersi per ciò solo estinto, in quanto altrimenti si avrebbe un effetto davvero paradossale ed oltremodo ingiustificato, che sfugge a qualsiasi criterio di ragionevolezza.

Per quanto riguarda la cancellazione dai pubblici registri della trascrizione del pignoramento, questa può essere eseguita soltanto quando sia ordinata giudizialmente, ovvero quando il creditore pignorante abbia dichiarato, nelle forme prescritte dalla legge, che il pignoramento è divenuto inefficace per mancato deposito della nota di iscrizione a ruolo nel termine stabilito (art. 164 *ter*, comma 2°, disp. att. cod. proc. civ.). Ne segue che, in mancanza della dichiarazione del creditore, il debitore avrà la necessità di avviare un apposito giudizio, non essendo stato aperto alcun fascicolo della procedura esecutiva, né tantomeno nominato un giudice dell'esecuzione che possa provvedere in tal senso.

Quanto alla disciplina transitoria, ai sensi dell'art. 18, comma 3°, del decreto, le disposizioni relative all'iscrizione a ruolo del processo esecutivo trovano applicazione con riferimento ai procedimenti iniziati a decorrere dal trentesimo giorno successivo all'entrata in vigore della legge di conversione, ossia a quelli introdotti a far data dal giorno 11 dicembre 2014. Il deposito telematico della nota di iscrizione a ruolo opera invece dal 30 marzo 2015.

10. – *Infruttuosità dell'espropriazione forzata e chiusura anticipata del processo esecutivo.*

Ai sensi dell'art. 164 *bis* disp. att. cod. proc. civ., è introdotta una particolare ipotesi di «chiusura anticipata del processo esecutivo», ossia di «estinzione atipica» della procedura di esecuzione: essa può essere adesso disposta qualora non sia più possibile conseguire un ragionevole soddisfacimento delle pretese dei creditori, anche tenuto conto dei costi necessari per la prosecuzione della procedura, delle probabilità di liquidazione dei beni pignorati e del presumibile valore di realizzo.

Si tratta quindi di un'ipotesi di chiusura del processo esecutivo per «infruttuosità» dell'espropriazione forzata, che – a differenza di questo potrebbe sembrare a prima vista – non appare però molto ragionevole, vuoi perché costituisce uno strumento a disposizione del debitore che voglia comunque sottrarsi al pagamento (105), vuoi perché l'art. 122 d.p.r. n. 1229/1959 pone in tal caso a carico del creditore le spese dell'esecuzione relative al compenso, tutt'altro che trascurabile, dovuto all'ufficiale giudiziario per la ricerca e per il pignoramento dei beni (106), con possibile ed ulteriore «beffa», insomma, del creditore procedente (107).

---

(105) In senso critico, v. infatti A. BRIGUGLIO, *Nuovi ritocchi in vista per il processo civile*, cit., p. 20; nutre perplessità al riguardo anche C. CONSOLO, *Un d.l. processuale in bianco e nerofumo sullo equivoco della «degiurisdizionalizzazione»*, cit., p. 1181, secondo il quale la norma lascia troppa discrezionalità al giudicante.

(106) Su cui v. *supra*, § 5.

(107) Così L. D'AGOSTO, S. CRISCUOLO, *Prime note sulle «misure urgenti di degiurisdizionalizzazione e altri interventi per la definizione dell'arretrato in materia di processo civile»*, cit., p. 38 s., secondo i quali il rischio insito nella norma potrebbe addirittura fungere come disincentivo al recupero del credito.

11. – *Altre disposizioni in materia di procedure esecutive e concorsuali.*

Il d.l. n. 132/2014 contiene infine ulteriori disposizioni «minori» in materia di processo esecutivo, che meritano comunque di essere menzionate.

a) Impignorabilità dei beni.

Ai sensi dell'art. 19 *bis* d.l. n. 132/2012, si introduce una nuova ipotesi di impignorabilità di beni, in forza della quale non sono soggette ad esecuzione forzata, a pena di nullità rilevabile anche d'ufficio, le somme a disposizione dei soggetti di cui all'articolo 21, comma 1°, lett. a), della Convenzione delle Nazioni Unite sulle immunità giurisdizionali degli Stati e dei loro beni, stipulata a New York il 2 dicembre 2004, la cui adesione è stata autorizzata con la l. 14 gennaio 2013, n. 5.

Siffatta ragione di impignorabilità *ex lege* riguarda i beni, compresi i conti bancari, utilizzati o destinati a essere utilizzati nell'esercizio delle funzioni della missione diplomatica dello Stato o dei suoi posti consolari, delle sue missioni speciali, delle sue missioni presso le organizzazioni internazionali o delle sue delegazioni negli organi delle organizzazioni internazionali o alle conferenze internazionali.

L'art. 19 *bis* del decreto limita però – ragionevolmente – l'impignorabilità alle somme depositate su conti correnti bancari o postali, in relazione ai quali il capo della rappresentanza, ovvero il capo del posto consolare o il direttore dell'organizzazione internazionale in Italia, abbia dichiarato essere riservato esclusivamente alle somme destinate all'espletamento delle funzioni consolari e diplomatiche, con atto preventivamente comunicato al Ministero degli affari esteri, nonché all'impresa autorizzata all'esercizio dell'attività bancaria presso cui le medesime somme sono depositate.

Effettuata le comunicazione preventiva, idonea a sottrarre le somme dal pignoramento, non possono però più eseguirsi pagamenti per titoli diversi da quelli per cui le somme sono vincolate. Ad ogni modo, il pignoramento non determina, a carico dell'impresa depositaria, l'obbligo di accantonamento delle somme, ivi comprese di quelle successivamente accreditate; inoltre, i soggetti titolari mantengono la piena disponibilità delle stesse.

b) Modalità della vendita immobiliare.

Con riguardo alla vendita forzata, il novellato art. 503 cod. proc. civ. prevede che la vendita con incanto possa essere disposta solo quando il giudice ritenga probabile che la vendita con tale modalità abbia luogo ad un prezzo superiore della metà rispetto al valore del bene, determinato per i beni immobili a norma dell'articolo 568 cod. proc. civ.; correlatamente, sono stati adeguati gli artt. 569, comma 3°, e 572, comma 3°, cod. proc. civ., sempre in materia di vendita immobiliare.

c) Beni mobili estranei all'espropriazione immobiliare.

L'art. 609 cod. proc. civ. introduce una nuova e più articolata disciplina per i provvedimenti circa i mobili estranei all'esecuzione immobiliare (108).

Più precisamente, è adesso previsto che, quando nell'immobile si trovano beni mobili che non devono essere consegnati, l'ufficiale giudiziario intima alla parte tenuta al ri-

---

(108) Sulle novità della disposizione, v. L. D'AGOSTO, S. CRISCUOLO, *Prime note sulle «misure urgenti di degiurisdizionalizzazione e altri interventi per la definizione dell'arretrato in materia di processo civile»*, cit., p. 44 s.; trova invece conferma la regola *olim* contenuta nel previgente art. 609, comma 2°, cod. proc. civ., secondo la quale, se le cose mobili rinvenute nell'immobile sono pignorate o sequestrate, l'ufficiale giudiziario dà immediatamente notizia dell'avvenuto rilascio al creditore su istanza del quale fu eseguito il pignoramento o il sequestro, e al giudice dell'esecuzione per l'eventuale sostituzione del custode.

lascio, ovvero a colui al quale gli stessi risultano appartenere, di asportarli, assegnandogli un termine per provvedere.

Di tale intimazione si dà atto a verbale oppure, se colui che è tenuto a provvedere all'asporto non è presente, mediante atto notificato a spese della parte istante. Se entro il termine assegnato, l'asporto non è stato eseguito, l'ufficiale giudiziario, su richiesta e a spese della parte istante, determina il presumibile valore di realizzo dei beni e indica le prevedibili spese di custodia e di asporto.

Se il valore dei beni appare superiore alle spese di custodia e di asporto, l'ufficiale giudiziario, sempre a spese della parte istante, nomina un custode e lo incarica di trasportare i beni in altro luogo. In mancanza dell'istanza di parte e del pagamento anticipato delle spese da parte del creditore procedente, i beni, quando non appare evidente l'utilità di un tentativo di vendita, sono considerati abbandonati, ossia *res derelictae*, sia pure soggette ad un particolare regime.

In tal caso, è quindi previsto che l'ufficiale giudiziario ne disponga lo smaltimento o la distruzione, a meno che non vi sia una diversa richiesta della parte istante (art. 609, comma 2°, ultimo periodo, cod. proc. civ.), e salva comunque la possibilità – come subito vedremo – che il proprietario ne richieda la riconsegna prima dell'espletamento dell'attività in discorso.

Se invece è disposta la custodia dei beni, il custode provvede alla vendita senza incanto nelle forme previste per la vendita dei beni mobili pignorati, secondo le modalità disposte dal giudice dell'esecuzione, trovando applicazione, in quanto compatibili, gli artt. 530 ss. cod. proc. civ. relativi alla vendita mobiliare: la somma così ricavata è impiegata per il pagamento delle spese e dei compensi per la custodia, per l'asporto e per la vendita, sempre liquidate dal giudice dell'esecuzione.

Salvo il caso in cui i beni appartengano ad un soggetto diverso da colui che è tenuto al rilascio, l'eventuale eccedenza è utilizzata per il pagamento delle spese di esecuzione, da liquidarsi a norma dell'art. 611 cod. proc. civ., ossia con decreto del giudice dell'esecuzione. In caso di infruttuosità della vendita dei beni mobili, il giudice ne dispone lo smaltimento o la distruzione, ai sensi dell'art. 609, comma 2°, ultimo periodo, cod. proc. civ.

Colui al quale i beni appartengono può in ogni momento, ma prima della vendita, ovvero prima dello smaltimento o della distruzione dei medesimi, chiederne la restituzione al giudice dell'esecuzione. Il giudice provvede quindi con decreto e, se accoglie l'istanza, dispone la riconsegna al proprietario, previa corresponsione delle spese e dei compensi per la custodia e per l'asporto.

Una disciplina particolare è infine prevista per i documenti inerenti lo svolgimento di attività imprenditoriale o professionale che siano stati trovati nel bene immobile oggetto dell'espropriazione. Se tali documenti non sono stati asportati dalla parte tenuta al rilascio dell'immobile o dal proprietario, gli stessi devono essere conservati, per un periodo di due anni, a cura della parte istante, ovvero, su istanza e previa anticipazione delle spese da parte di quest'ultima, da un custode nominato dall'ufficiale giudiziario.

In difetto di tale istanza e del pagamento anticipato delle spese, è richiamato, non senza suscitare perplessità, l'art. 609, comma 2°, ultimo periodo, cod. proc. civ., con la conseguenza che l'ufficiale giudiziario potrebbe comunque disporne la distruzione, salvo che la disposizione non sia ritenuta incompatibile con la finalità della norma. Lo smaltimento o la distruzione dei documenti possono essere comunque disposte alla scadenza del termine biennale di conservazione.

d) Monitoraggio delle procedure esecutive e concorsuali.

Infine, ai sensi dell'art. 20 del decreto, sono introdotte nuove disposizioni in materia di procedure esecutive e concorsuali, con le quali si pone a carico del curatore fallimentare, del commissario giudiziale, e anche del professionista delegato per l'esecuzione individuale ai sensi dell'art. 591 *bis* cod. proc. civ., l'obbligo di redigere rapporti riepilogativi dell'attività svolta, che devono essere depositati secondo modalità telematiche (109).

---

(109) S. IZZO, *Legge 10 novembre 2014, n. 162*, cit., p. 14 s.; L. D'AGOSTO, S. CRISCUOLO, *Prime note sulle «misure urgenti di degiurisdizionalizzazione e altri interventi per la definizione dell'arretrato in materia di processo civile»*, cit., p. 46 ss.

III
PASSAGGIO DAL PROCESSO ALL'ARBITRATO «*PENDENTE LITE*»

SOMMARIO: 1. Trasferimento in sede arbitrale dei processi pendenti. – 2. Istanza congiunta di arbitrato e patto compromissorio. – 3. Nomina degli arbitri e processo arbitrale. – 4. L'arbitrato «sostitutivo» dell'appello. – 5. Compensi degli arbitri.

1. – *Trasferimento in sede arbitrale dei processi pendenti.*

L'art. 1 d.l. n. 132/2014 ha introdotto un particolare istituto, subito ribattezzato «arbitrato deflattivo», ma che potremmo anche definire «arbitrato stralcio», con il quale è possibile, su accordo congiunto delle parti, trasferire in sede arbitrale l'azione proposta davanti al giudice statale, pendente in primo grado o anche in grado in appello (110).

---

(110) In proposito, oltre ai contributi citati alla note 3 e 5, v. A. BRIGUGLIO, *L'ottimistico Decreto-legge sulla «degiurisdizionalizzazione» ed il trasferimento in arbitrato delle cause civili*, in *Riv. arb.*, 2014, p. 633 ss.; B. CAPPONI, *Traslazione dei contenziosi: dai tribunali ai consigli dell'ordine*, cit.; V. VIGORITI, *Il «trasferimento»» in arbitrato: l'inizio di un'inversione di tendenza?*, cit., p. 1 ss.; D. BORGHESI, *La delocalizzazione del contenzioso civile: sulla giustizia sventola bandiera bianca?*, cit., p. 1 ss.; D. CERRI, *Vedi alla voce: «Degiurisdizionalizzazione» (trasferimento alla sede arbitrale di procedimenti pendenti)*, cit., p. 1 ss.; G. NAVARRINI, *Riflessioni a prima lettura sul nuovo «arbitrato deflattivo» (Art. 1, D.L. 12 settembre 2014, n. 132)*, in *www.judicium.it*, 2014, p. 1 ss.; in proposito, cfr. anche le osservazioni a cura dell'Associazione italiana per l'arbitrato (A.I.A.), in *Riv. arb.*, 2014, p. 661

Questa singolare forma di *translatio judicii* «impropria» (111) ha tratto indubbiamente ispirazione dalla possibilità di passaggio, ormai riconosciuta per effetto dell'intervento additivo della Corte costituzionale (112), fra giurisdizione statale e giurisdizione arbitrale, in caso di accoglimento dell'*exceptio compromissi* ai sensi dell'art. 819 *ter* cod. proc. civ., oppure di declinatoria della «competenza» degli arbitri ai sensi dell'art. 817 cod. proc. civ.: in tali ipotesi è, infatti, adesso possibile la conservazione degli effetti sostanziali e processuali della domanda erroneamente proposta davanti al giudice statale o arbitrale privo di

---

ss., formulate il 20 agosto 2014, ossia alla luce delle progetto provvisorio del Governo, non ancora confluito nel testo del d.l. n. 132/2014.

(111) Come rileva, puntualmente, C. CONSOLO, *Un d.l. processuale in bianco e nerofumo sullo equivoco della «degiurisdizionalizzazione»*, cit., p. 1174; infatti, per *translatio judicii* si intende, in senso proprio, la trasmigrazione del processo da un giudice ad un altro (anche arbitrale), ma dopo che questi si sia spogliato della causa per difetto di *potestas judicandi*.

(112) Corte cost., 19 luglio 2013, n. 223, in *Corr. giur.*, 2013, p. 1107 ss., con nota di C. CONSOLO, *Il rapporto arbitri-giudici ricondotto, e giustamente, a questione di competenza con piena* translatio *fra giurisdizione pubblica e privata e viceversa*; in *Riv. arb.*, 2014, p. 81 ss., con nota di M. BOVE, A. BRIGUGLIO, S. MENCHINI, B. SASSANI, *Sulla dichiarazione di parziale incostituzionalità dell'art. 819* ter *c.p.c.*; in *Giusto processo civ.*, 2013, p. 1107 ss., con nota di M. BOVE, *Sulla dichiarazione di parziale incostituzionalità dell'art. 819* ter *c.p.c.*; in *Foro it.*, 2013, I, c. 2690 ss., con note di E. D'ALESSANDRO, *Finalmente! La Corte costituzionale sancisce la salvezza degli effetti sostanziali e processuali della domanda introduttiva nei rapporti tra arbitro e giudice*; M. ACONE, Translatio iudicii *tra giudice ed arbitro: una decisione necessariamente incompiuta o volutamente pilatesca?*; e R. FRASCA, *Corte cost. n. 223 del 2013 e art. 819* ter *c.p.c.: una dichiarazione di incostituzionalità veramente necessaria?*; in *Giur. it.*, 2014, p. 1381 ss., con nota di P. BUZANO, *Estensione della* translatio iudicii *ai rapporti tra giudizio ordinario e arbitrato rituale*; e C. ASPRELLA, Translatio iudicii *nei rapporti tra arbitrato e processo*.

A norma di tale sentenza, l'art. 819 *ter*, comma 2°, cod. proc. civ., è stato dichiarato incostituzionale nella parte in cui esclude l'applicabilità, ai rapporti tra arbitrato e processo, di regole corrispondenti all'art. 50 cod. proc. civ., con la conseguenza che, nell'ipotesi in cui l'attore sbagli nell'individuazione dell'organo munito di *potestas decidendi*, il processo prosegue dinanzi al giudice – statale o arbitrale – ritenuto «competente».

potestas judicandi, in ragione dell'esistenza o meno di una valida ed efficace convenzione di arbitrato (113).

La nuova disposizione di cui all'art. 1 del decreto introduce un'ulteriore e singolare ipotesi di «comunicazione» fra giudizio statale ed arbitrato, che opera però qualora il processo davanti al giudice togato sia pendente alla data di entrata in vigore del d.l. n. 132/2014 (114), vuoi in prime cure, vuoi dinnanzi al giudice dell'appello, nel qual caso, appunto, per comune volontà dei litiganti, è possibile proseguire il giudizio davanti agli arbitri. Si è dunque in presenza di una vera e propria prosecuzione del processo, con espressa salvezza degli effetti sostanziali e processuali prodotti dalla domanda giudiziale (115).

L'ambito applicativo di questo nuovo istituto è innanzitutto limitato ai soli diritti disponibili, nel rispetto del principio sancito in generale dall'art. 806, comma 1°, cod. proc. civ. (116). Sono inoltre escluse dalla possibilità di passaggio in arbitrato *pendente lite*, sempre ai sensi dell'art. 1, comma 1°, del decreto,

---

(113) In proposito, v. anche E. MANZO, *Le novità in tema di rapporti tra arbitrato e giudizio ordinario*, in C. PUNZI, *Il processo civile. Sistema e problematiche, Le riforme del quadriennio 2010-2013*, contributi coordinati da G. RUFFINI, cit., p. 327 ss.

(114) Pertanto, si tratta comunque di un istituto che, per il momento, è già destinato ad essere transitorio, non valendo – salvo nuovi interventi normativi – per i processi introdotti dopo tale data: v. C. PUNZI, *La c.d. «degiurisdizionalizzazione» della giustizia civile*, cit., § 2.1; A. BRIGUGLIO, *Nuovi ritocchi in vista per il processo civile*, cit., p. 8; ID., *L'ottimistico Decreto-legge sulla «degiurisdizionalizzazione» ed il trasferimento in arbitrato delle cause civili*, cit., p. 634; G. NAVARRINI, *Riflessioni a prima lettura sul nuovo «arbitrato deflattivo»*, cit., p. 2.

(115) Come osserva A. BRIGUGLIO, *Nuovi ritocchi in vista per il processo civile*, cit., p. 8, il nuovo istituto si differenzia dall'ipotesi, già in passato possibile, in cui le parti decidano di abbandonare la lite giudiziaria con effetti estintivi del processo in corso, per poi compromettere la lite in arbitri, nel qual caso non sarebbe invece possibile avvalersi degli effetti sostanziali e processuali dell'originaria domanda giudiziale.

(116) Sulle controversie arbitrabili, v. l'ampia disamina di G. RUFFINI, *sub* art. 806, in *Codice di procedura civile commentato*, 5ª ed., diretta da C. CONSOLO, cit., vol. III, p. 1443 ss.

le controversie che vertono in materia di lavoro, previdenza e assistenza sociale. Ma, con un'eccezione all'eccezione, tale facoltà è ammessa nelle cause vertenti su diritti che abbiano nel contratto collettivo di lavoro la propria fonte esclusiva (117), sempre che il contratto collettivo abbia previsto e disciplinato la soluzione arbitrale della lite, ossia qualora vi sia la c.d. «precostituzione collettiva» (118).

La norma si applica infine alle sole cause pendenti dinnanzi al tribunale (siano esse in primo grado o in grado di appello), ovvero di quelle in corso davanti alla corte d'appello in funzione di giudice di secondo grado (119), con esclusione, quindi, delle sole controversie dinnanzi al giudice di pace e di quelle davanti alla corte d'appello in unico grado (120). Quanto inve-

---

(117) Sul punto, v. D. BORGHESI, *La delocalizzazione del contenzioso civile: sulla giustizia sventola bandiera bianca?*, cit., p. 3, il quale precisa che – diversamente da quanto previsto dall'art. 806, comma 2°, cod. proc. civ. – restano escluse dall'ambito di applicazione dell'art. 1 del decreto «le controversie di lavoro che trovano la loro disciplina nella legge (o anche nella legge)»: tale «distinzione (...) in concreto può generare dubbi e complicazioni, soprattutto quando la sovrapposizione di fonti incide su situazioni sostanziali inscindibili».

(118) Sulle recenti novità in materia di arbitrato del lavoro, v. L. IANNELLI, *La nuova disciplina dell'arbitrato per le controversie di lavoro*, in C. PUNZI, *Il processo civile. Sistema e problematiche*, *Le riforme del quadriennio 2010-2013*, contributi coordinati da G. RUFFINI, cit., p. 333 ss., spec. p. 341 ss.

(119) Diversamente, in maniera perplessa, D. BORGHESI, *La delocalizzazione del contenzioso civile: sulla giustizia sventola bandiera bianca?*, cit., p. 2 s., secondo il quale la disposizione non sarebbe chiara, in quanto sarebbe dubbia l'applicazione dell'art. 1 del decreto per le cause pendenti davanti al tribunale in funzione di giudice di appello.

(120) Conformemente, v. G. NAVARRINI, *Riflessioni a prima lettura sul nuovo «arbitrato deflattivo»*, cit., p. 2 ss., il quale discute anche dell'ipotesi in cui la causa spetti alle sezioni specializzate in materia di impresa o alle sezioni agrarie; nondimeno, l'A. pone altresì la questione della *translatio* in arbitrato dei giudizi di opposizione a decreto ingiuntivo. Su quest'ultimo tema, v. anche D. BORGHESI, *La delocalizzazione del contenzioso civile: sulla giustizia sventola bandiera bianca?*, cit., p. 5, il quale ritiene di poter dare risposta positiva al quesito.

ce ai profili temporali della nuova disposizione, essa trova applicazione nelle cause civili pendenti alla data di entrata in vigore del d.l. n. 132/2014, ossia a far data dal 13 settembre 2014, sempre che, come precisa l'art. 1 del decreto, la causa non sia stata assunta in decisione (121).

2. – *Istanza congiunta di arbitrato e patto compromissorio.*

Finché la causa non sia stata rimessa in decisione, le parti, con istanza congiunta, possono richiedere di promuovere un procedimento arbitrale per la decisione delle controversia, a norma delle disposizioni contenute nel titolo VIII del libro IV del codice di rito, ossia nelle forme di cui agli artt. 806 ss. cod. proc. civ.: con tale istanza, le parti danno in sostanza origine ad una convenzione di arbitrato, nelle specie ad un compromesso per arbitrato rituale (122), anche se non è chiaro se tale scelta operi con effetti limitati al procedimento in corso, oppure se comporti la definitiva compromissione in arbitrato della lite (123).

---

(121) C. PUNZI, *La c.d. «degiurisdizionalizzazione» della giustizia civile*, cit., § 2.3.

(122) Per la necessità del ricorso all'arbitrato rituale, v. A. BRIGUGLIO, *Nuovi ritocchi in vista per il processo civile*, cit., p. 10 s., il quale precisa altresì che dovrà peraltro essere un arbitrato di diritto italiano. Secondo S. IZZO, *Legge 10 novembre 2014, n. 162*, cit., p. 3, sarebbe invece anche possibile procedere nelle forme dell'arbitrato irrituale, posto che l'art. 808 *ter* cod. proc. civ. è parimenti collocato nel Titolo VIII del Libro IV del codice di rito, anche se in senso contrario depone la riconosciuta «efficacia di sentenza» del lodo di cui all'art. 1, comma 3°, del decreto, che evidentemente rinvia all'art. 824 *bis* cod. proc. civ.: proprio sulla base questo richiamo, anche D. BORGHESI, *La delocalizzazione del contenzioso civile: sulla giustizia sventola bandiera bianca?*, cit., p. 4 s., esclude che con l'arbitrato *ex* art. 1 d.l. n. 132/2014 si possa chiedere un lodo con effetti negoziali ai sensi dell'art. 808 *ter* cod. proc. civ.

(123) Su tale questione, che assume rilievo in caso di conclusione del processo arbitrale senza decisione, v. *infra*, § 4.

In ossequio ai requisiti richiesti per il compromesso arbitrale, l'istanza presentata congiuntamente da tutti i litiganti deve assumere la forma scritta, salva la possibilità della verbalizzazione delle loro intenzioni in udienza, purché la sottoscrizione delle parti sia apposta in calce al verbale (124). Questo patto compromissorio può anche essere «stipulato» in via progressiva, ossia con istanza scritta di una delle parti ed adesione implicita dell'avversario che sia una pubblica amministrazione, limitatamente alle controversie di valore non superiore a 50.000 euro in materia di responsabilità extracontrattuale o aventi ad oggetto il pagamento di somme di denaro: in questa ipotesi, infatti, il consenso della pubblica amministrazione in ordine alla richiesta avanzata dalla sola parte privata si intende in ogni caso prestato, salvo che la stessa esprima il proprio dissenso scritto entro trenta giorni dalla richiesta (125).

3. – *Nomina degli arbitri e processo arbitrale.*

Il giudice, rilevata la sussistenza delle condizioni per la *translatio judicii* «impropria» *pendente lite*, dispone quindi la trasmissione del fascicolo della causa al presidente del consiglio dell'ordine del circondario in cui ha sede il tribunale ovvero, se del caso, la corte di appello (126), il quale provvede alla nomina degli arbitri o dell'arbitro unico (127).

---

(124) Per la necessità che sia rispettata la forma del compromesso, v. C. PUNZI, *La c.d. «degiurisdizionalizzazione» della giustizia civile*, cit., § 2.2. Sul punto, cfr. anche D. BORGHESI, *La delocalizzazione del contenzioso civile: sulla giustizia sventola bandiera bianca?*, cit., p. 3; G. NAVARRINI, *Riflessioni a prima lettura sul nuovo «arbitrato deflattivo»*, cit., p. 5 ss.

(125) C. PUNZI, *La c.d. «degiurisdizionalizzazione» della giustizia civile*, cit., § 2.2.

(126) Come osserva, condivisibilmente, A. BRIGUGLIO, *Nuovi ritocchi in vista per il processo civile*, cit., p. 9, senza il provvedimento del giudice, l'istituto in parola non potrà trovare applicazione. Con la trasmissione del fascicolo al presidente del consiglio dell'ordine, il giudice potrà anche disporre la

Gli arbitri devono essere scelti tra gli avvocati iscritti da almeno cinque anni nell'albo dell'ordine circondariale, che non abbiano subito negli ultimi cinque anni condanne definitive comportanti la sospensione dall'albo e che, prima della trasmissione del fascicolo, abbiano reso una dichiarazione di disponibilità al consiglio stesso (128).

Tuttavia, è fatta salva la possibilità che gli arbitri siano individuati concordemente dalle parti (129), le quali devono però «pescare» dall'elenco dei professionisti predisposto dal consiglio dell'ordine, quindi con limitazione della loro «gelosa prerogativa» di nomina arbitrale (130). Se le parti provvedono in

---

cancellazione della causa dal ruolo: così ancora A. BRIGUGLIO, *L'ottimistico Decreto-legge sulla «degiurisdizionalizzazione» ed il trasferimento in arbitrato delle cause civili*, cit., p. 637; nonché G. NAVARRINI, *Riflessioni a prima lettura sul nuovo «arbitrato deflattivo»*, cit., p. 9.

(127) Per G. NAVARRINI, *Riflessioni a prima lettura sul nuovo «arbitrato deflattivo»*, cit., p. 11 ss., la nomina degli arbitri a cura del presidente del consiglio dell'ordine potrà avvenire solo in caso di richiesta delle parti, non potendo essere effettuata d'ufficio.

(128) Secondo S. IZZO, *Legge 10 novembre 2014, n. 162*, cit., p. 3, nota 2, il cui parere è stato approvato dal Consiglio nazionale forense, non è però necessario tenere un apposito albo presso il consiglio dell'ordine locale. Secondo D. CERRI, *Vedi alla voce: «Degiurisdizionalizzazione» (trasferimento alla sede arbitrale di procedimenti pendenti)*, cit., p. 4, ci vorrà però, per lo meno, un «elenco».

(129) Come rilevato da C. PUNZI, *La c.d. «degiurisdizionalizzazione» della giustizia civile*, cit., § 2.3, deve anche ritenersi possibile la nomina degli arbitri affidata ai difensori delle parti, purché muniti di speciale procura *ad hoc*. Osserva in proposito D. BORGHESI, *La delocalizzazione del contenzioso civile: sulla giustizia sventola bandiera bianca?*, cit., p. 6, che la regola speciale di cui all'art. 1, comma 2°, del decreto, non consentirebbe alle parti di ricorrere alla c.d. «clausola binaria», ma soltanto di indicare concordemente tutti gli arbitri.

(130) La nomina di un arbitro in contrasto con queste regole determina la nullità del lodo ai sensi dell'art. 829, comma 1°, n. 2, cod. proc. civ.: così A. BRIGUGLIO, *Nuovi ritocchi in vista per il processo civile*, cit., p. 10, il quale esclude, condivisibilmente, l'applicazione del motivo di nullità di cui all'art. 829, comma 1°, n. 3, cod. proc. civ.; in senso conforme, v. D. BORGHESI,

tal senso, non si comprende molto il senso il passaggio al presidente dell'ordine degli avvocati, che in tal caso fungerà semplicemente da «passacarte» del fascicolo processuale (131).

Quanto alla composizione dell'organo decidente, è previsto l'obbligo di ricorrere ad un collegio arbitrale ove la controversia abbia un valore superiore a 100.000 euro, nel qual caso dovrebbe operare la regola della terna, in base al disposto di cui all'art. 809, comma 3°, cod. proc. civ.; nel caso di controversie di valore inferiore a tale importo, le parti possono invece decidere concordemente di far decidere la causa ad un arbitro unico (132).

Al fine di garantire la neutralità della nomina arbitrale, specialmente quando questa provenga dal presidente dell'ordine, l'art. 1, comma 2° *bis*, del decreto prevede altresì un'incompatibilità speciale fra l'incarico arbitrale in discorso e

---

La delocalizzazione del contenzioso civile: sulla giustizia sventola bandiera bianca?, cit., p. 6 s.; sul punto, cfr. anche C. PUNZI, *La c.d. «degiurisdizionalizzazione» della giustizia civile*, cit., § 2.3, il quale evidenzia come la violazione di queste regole possa verificarsi anche nel caso di nomina di un arbitro che non abbia manifestato la sua disponibilità al consiglio dell'ordine prima della trasmissione del fascicolo.

(131) Secondo C. CONSOLO, *Un d.l. processuale in bianco e nerofumo sullo equivoco della «degiurisdizionalizzazione»*, cit., p. 1174, «questo passaggio, che pare sempre necessario secondo il dato positivo, si rivela però poco comprensibile» in questa ipotesi; nello stesso senso, C. PUNZI, *La c.d. «degiurisdizionalizzazione» della giustizia civile*, cit., § 2.3. Rilevando tale incongruenza, A. BRIGUGLIO, *Nuovi ritocchi in vista per il processo civile*, cit., p. 10, ritiene invece che, in caso di nomina degli arbitri a cura delle parti, il giudice *a quo* dovrà disporre la trasmissione del fascicolo della causa direttamente al collegio arbitrale o all'arbitro unico.

(132) Come rileva S. IZZO, *Legge 10 novembre 2014, n. 162*, cit., p. 3, nota 1, con riferimento al trasferimento in arbitrato in grado di appello, l'art. 1, comma 4°, del decreto si riferisce al solo caso del collegio arbitrale; tuttavia, giusta la lettera di cui all'art. 1, comma 1°, del decreto, non pare escluso che la parti possano, anche in tal caso, ricorrere di comune accordo ad un arbitro unico, beninteso qualora il valore della controversia sia inferiore a 100.000 euro.

la funzione di consigliere dell'ordine, che si estende peraltro anche ai consiglieri uscenti per un'intera consiliatura successiva alla conclusione del loro mandato.

Ai sensi dell'art. 1, comma 5° *bis*, del decreto, con provvedimento regolamentare del Ministro della giustizia, da adottare entro novanta giorni dalla data di entrata in vigore della legge di conversione, dovranno essere inoltre stabiliti i criteri che il presidente dell'ordine forense deve seguire per l'assegnazione degli arbitrati: per la formazione di questi criteri si dovrà tenere conto, in particolare, delle competenze professionali dell'arbitro, anche in relazione alle ragioni del contendere e alla materia oggetto della controversia, nonché del principio della rotazione nell'assegnazione, con previsione di sistemi di designazione automatica (133).

Completata la nomina del collegio arbitrale o dell'arbitro unico (134), il procedimento prosegue quindi davanti agli arbitri, ai quali dovrà essere innanzitutto consegnato il fascicolo trasmesso al presidente dell'ordine (135). Quanto allo svolgimento del procedimento non sono previste norme particolari, salvo il principio di cui all'art. 1 del decreto, secondo il quale davanti agli arbitri restano «ferme le preclusioni e le decadenze

---

(133) Nulla ovviamente vieta che, nelle more dell'adozione del decreto ministeriale, i presidenti dei consigli degli ordini possano ispirarsi a tali criteri nell'assegnazione degli incarichi: così S. IZZO, *Legge 10 novembre 2014, n. 162*, cit., p. 3, nota 4.

(134) In caso di necessità di sostituzione degli arbitri, nulla è previsto, ma non si può però non concordare con V. VIGORITI, *Il «trasferimento» in arbitrato: l'inizio di un'inversione di tendenza?*, cit., p. 8, secondo il quale il presidente del tribunale resta titolare dei poteri di sostituzione degli arbitri ai sensi degli artt. 811 e 813 *bis* cod. proc. civ.; nello stesso senso, v. anche C. PUNZI, *La c.d. «degiurisdizionalizzazione» della giustizia civile*, cit., § 2.4, secondo il quale, per tutto quanto non previsto dall'art. 1 del decreto devono trovare applicazione le norme ordinarie del codice di procedura civile.

(135) Come rileva D. BORGHESI, *La delocalizzazione del contenzioso civile: sulla giustizia sventola bandiera bianca?*, cit., p. 8, non è previsto un termine entro il quale il giudizio arbitrale debba essere avviato.

intervenute nel processo statale», relative quindi alla formazione del *thema decidendum* e del *thema probandum*. Ciò introduce quindi un principio di preclusione per così dire «derivato» nel processo arbitrale (136), che sarà dunque finalizzato esclusivamente alla decisione qualora nel processo davanti al giudice togato sia stata già compiuta l'assunzione delle prove.

L'art. 1, comma 3°, del decreto stabilisce anche che «il lodo ha gli stessi effetti della sentenza», con disposizione che richiama, evidentemente, l'art. 824 *bis* cod. proc. civ. (137), ma senza salvezza espressa del disposto cui all'art. 825 cod. proc. civ., di guisa che si potrebbe anche sostenere che questo particolare lodo potrebbe già essere dotato degli effetti esecutivi, senza bisogno di richiedere e di ottenere l'*exequatur* (138).

---

(136) In proposito, v. i rilievi di A. BRIGUGLIO, *Nuovi ritocchi in vista per il processo civile*, cit., p. 9; G. NAVARRINI, *Riflessioni a prima lettura sul nuovo «arbitrato deflattivo»*, cit., p. 17 ss.

(137) Sul tema dell'efficacia del lodo, cfr., variamente, orientati, C. PUNZI, *«Efficacia di sentenza» del lodo*, in *Riv. arb.*, 2005, p. 819 ss.; G. RUFFINI, *Patto compromissorio*, in *Riv. arb.*, 2005, p. 711 s.; E. ODORISIO, *Prime osservazioni sulla nuova disciplina dell'arbitrato*, in *Riv. dir. proc.*, 2006, p. 266 ss.; F. GALGANO, *Il lodo vale, dunque, come sentenza*, in *Contr. e impr.*, 2006, p. 295 ss.; E. D'ALESSANDRO, *Riflessioni sull'efficacia del lodo arbitrale rituale alla luce dell'art. 824-bis c.p.c.*, in *Riv. arb.*, 2007, p. 529 ss.; F.P. LUISO, *L'articolo 824-bis c.p.c.*, in *Riv. arb.*, 2010, p. 235 ss.; G.F. RICCI, *Ancora sulla natura e sugli effetti del lodo arbitrale*, in *Sull'arbitrato. Studi offerti a Giovanni Verde*, Napoli, 2010, p. 699 ss.; A. CASTAGNOLA, C. CONSOLO, E. MARINUCCI, *Sul dialogo (impossibile?) fra cassazione e dottrina, nella specie ... sulla natura (mutevole?) dell'arbitrato*, in *Corr. giur.*, 2011, p. 55 s.; in proposito, *si vis*, anche per ulteriori riferimenti, M. GRADI, *Natura ed effetti del lodo arbitrale in Germania e Austria*, in C. PUNZI, *Disegno sistematico dell'arbitrato*, 2ª ed., cit., vol. III, p. 845 ss.

(138) La tesi, pur ipotizzata, è però scartata da A. BRIGUGLIO, *L'ottimistico Decreto-legge sulla «degiurisdizionalizzazione» ed il trasferimento in arbitrato delle cause civili*, cit., p. 640.

4. – *L'arbitrato «sostitutivo» dell'appello.*

Una regola speciale è prevista nel caso di trasferimento in arbitrato dei giudizi pendenti in grado di appello, per i quali occorre infatti tenere in considerazione che vi è già una sentenza pronunciata dall'autorità giudiziaria, oggetto – appunto – del giudizio di impugnazione: in tal caso, si ha dunque un arbitrato «sostitutivo» dell'appello, che ha struttura e disciplina affatto particolari.

Più precisamente, è previsto che quando la trasmissione in sede arbitrale venga disposta in grado d'appello, il termine per la pronuncia del lodo sia di centoventi giorni decorrenti dall'accettazione della nomina del collegio arbitrale. Previo accordo tra le parti, gli arbitri possono tuttavia richiedere che il termine per il deposito del lodo sia prorogato di ulteriori trenta giorni: si tratta di una norma sibillina, aggiunta dalla legge di conversione, in quanto – in base al suo tenore letterale – gli arbitri possono soltanto essere autorizzati dalle parti a «richiedere» la proroga del termine per il «deposito» del lodo.

Nascono quindi alcuni interrogativi (139), e precisamente: a chi debba chiedersi la proroga, anche se pare che il soggetto dotato di tale prerogativa sia il presidente del tribunale; se la proroga presidenziale debba essere concessa anche in caso di accordo fra le parti, come sembra suggerire proprio l'art. 1, comma 4°, del decreto, a differenza dell'art. 820, comma 3°, lett. a), cod. proc. civ.; se, infine, possano trovare applicazione le altre ipotesi di proroga previste dall'art. 820 cod. proc. civ. (140).

---

(139) Messi acutamente in rilievo da C. PUNZI, *La c.d. «degiurisdizionalizzazione» della giustizia civile*, cit., § 2.4, il quale rileva anche l'incongruità del riferimento alla proroga del termine per il «deposito» del lodo, che ai sensi dell'art. 825 cod. proc. civ. non è soggetto ad alcun termine: il legislatore, assai probabilmente, voleva riferirsi al termine per la «pronuncia» del lodo.

(140) In senso positivo, v. A. BRIGUGLIO, *Nuovi ritocchi in vista per il processo civile*, cit., p. 11; G. NAVARRINI, *Riflessioni a prima lettura sul nuovo «arbitrato*

Una problematica ancora più complessa sorge però con riguardo all'oggetto del giudizio arbitrale d'appello, in relazione al quale si pongono due alternative teoriche: da un lato, quella di consentire agli arbitri di svolgere un sindacato – assolutamente inedito – della sentenza giurisdizionale di primo grado; dall'altro, quella di intendere il giudizio arbitrale come «vergine», del tutto a prescindere dalla pronuncia impugnata di fronte al giudice d'appello, così che il lodo arbitrale avrà direttamente ad oggetto l'originaria pretesa formulata in primo grado (141).

Questo problema interpretativo ha conseguenze assai rilevanti, anche dal punto di vista pratico: nel primo caso, infatti, gli arbitri sarebbero legittimati a modificare la decisione soltanto ove riscontrino un vizio dell'appello; nel secondo, sarebbero invece liberi di decidere il merito della controversia a prescindere dei vincoli del mezzo di impugnazione, che – come è noto – si sono assai aggravati con le recenti riforme (142).

L'adesione alla prima alternativa sembrerebbe ricavabile dalle intenzioni implicite del legislatore, il quale prevede – come diremo meglio appresso – che, in caso di mancata pronuncia del lodo nel termine, la sentenza di primo grado passi in

---

deflattivo», cit., p. 24. *Contra*, invece, D. BORGHESI, *La delocalizzazione del contenzioso civile: sulla giustizia sventola bandiera bianca?*, cit., p. 10, secondo il quale la disposizione «elimina le proroghe automatiche e vincola le parti, le quali vedono ridotto a soli 30 giorni l'infinito potere di proroga loro riconosciuto dal diritto comune».

(141) L'alternativa è nettamente scolpita da C. CONSOLO, *Un d.l. processuale in bianco e nerofumo sullo equivoco della «degiurisdizionalizzazione»*, cit., p. 1175: «[n]on è chiaro (...) se il lodo dovrà pronunciarsi sui motivi di appello già formulati dalle parti (...) e si avrebbe così un 'genere' di lodo mai visto: di *'secondo grado'* (...), oppure se – prescindendo dai motivi di appello (ma allora anche dalla sentenza resa in I grado) – si dovrà giudicare della domanda così come originariamente proposta».

(142) In proposito, v., in particolare, R. POLI, *Giusto processo e oggetto del giudizio di appello*, in *Riv. dir. proc.*, 2010, p. 38 ss.; ID., *Il nuovo giudizio di appello*, in *Riv. dir. proc.*, 2013, p. 120 ss.

giudicato. Ciò però si contrappone al tradizionale insegnamento – formulato con riferimento all'arbitrato in generale – secondo il quale agli arbitri sarebbe precluso il potere di rendere decisioni demolitorie o sostitutive di una sentenza statale, con la conseguenza che il mezzo arbitrale non potrebbe essere utilizzato per i giudizi di impugnazione (143).

È stato pertanto ritenuto – anche per mantenere la norma nei binari costituzionali – che, con l'accordo compromissorio di trasferimento in arbitrato della lite pendente, le parti «rinunciano (...) agli effetti della pronuncia di primo grado (...) condizionatamente all'emanazione del lodo» (144). Tuttavia, agli arbitri sarebbe comunque conferito il compito di verificare la «tenuta dell'accertamento di primo grado» e, soltanto ove possibile, a rendere la «decisione nel merito della causa originaria» (145).

Questo artificio interpretativo, animato da «buona volontà sistematica» (146), conferisce quindi all'arbitrato «sostitutivo» dell'appello una fisionomia del tutto particolare, ossia un «doppio oggetto», con la conseguenza che gli arbitri dovrebbero verificare preliminarmente la fondatezza dei motivi di ap-

---

(143) V., in particolare, E. MARINUCCI, *L'impugnazione del lodo arbitrale dopo la riforma. Motivi ed esito*, Milano, 2009, p. 53.

(144) In proposito, v. A. BRIGUGLIO, *Nuovi ritocchi in vista per il processo civile*, cit., p. 12 s.; ID., *L'ottimistico Decreto-legge sulla «degiurisdizionalizzazione» ed il trasferimento in arbitrato delle cause civili*, cit., p. 638 s., secondo il quale la possibilità di delegare a giudici privati il sindacato delle sentenze statali sarebbe a rischio di incostituzionalità, in relazione all'art. 102, comma 1°, Cost.; viceversa, le parti possono sempre liberamente rinunciare agli effetti della sentenza.

(145) In proposito, v. A. BRIGUGLIO, *Nuovi ritocchi in vista per il processo civile*, cit., p. 12 s., il quale comunque esclude che gli arbitri possano applicare gli artt. 353 e 354 cod. proc. civ., con la conseguenza che il lodo arbitrale meramente «rescindente» (dichiarativo della fondatezza di un originario motivo di appello, ma senza decisione nel merito) comporterà l'instaurazione *ex novo* della controversia in primo grado.

(146) Così la definisce lo stesso A. BRIGUGLIO, *Nuovi ritocchi in vista per il processo civile*, cit., p. 12.

pello, sia pure sul presupposto della «rinuncia condizionata» delle parti alla sentenza di primo grado per il caso in cui, appunto, gli arbitri riscontrino la sussistenza di tali vizi (147).

In diversa prospettiva, si è invece affermato che gli arbitri sarebbero liberi di decidere il merito della lite senza necessità della previa verifica della correttezza della sentenza di primo grado, venuta meno con il trasferimento in arbitrato, sia pure sempre con effetti «condizionati *ex lege*» alla pronuncia e al «consolidamento» del lodo; in tal caso, quindi, la decisione arbitrale fungerà da «sostituto di tutti i gradi del processo», anche se con la particolarità che gli arbitri dovranno comunque avvalersi, ai fini della decisione, delle prove già raccolte altrove (148).

Se già nell'ipotesi ordinaria prefigurata dal legislatore sorgono, come si è appena visto, significativi dissensi interpretativi, difficilmente superabili alla luce dello scarno dettato normativo di cui all'art. 1 del decreto, ben più gravi complicazioni possono sorgere in caso di ritardo degli arbitri nel rendere la decisione. Qualora, infatti, il procedimento arbitrale non si concluda nel termine previsto dall'art. 1 del decreto (centoventi giorni, salvo proroga), sorge un vero e proprio *rebus* processuale, a proposito del quale si è giustamente parlato di «eccentricità normativa» (149).

Più precisamente, è innanzitutto previsto che il processo debba essere riassunto, sotto pena di estinzione, in sede di giu-

---

(147) V. ancora BRIGUGLIO, *Nuovi ritocchi in vista per il processo civile*, cit., p. 13, secondo il quale l'opposta soluzione secondo la quale le parti «deferiscono ad arbitri *sic et simpliciter* la cognizione di merito *ex novo* della controversia (…) avrebbe bisogno di un esplicito supporto normativo che qui manca, essendo abbastanza inequivoco il riferimento al grado di appello e perciò alla devoluzione ad arbitri (…) di una lite quale conformatasi in grado di appello».

(148) G. NAVARRINI, *Riflessioni a prima lettura sul nuovo «arbitrato deflattivo»*, cit., p. 22 s.

(149) Così C. CONSOLO, *Un d.l. processuale in bianco e nerofumo sullo equivoco della «degiurisdizionalizzazione»*, cit., p. 1175.

dizio statale entro il termine perentorio di sessanta giorni, decorrenti dalla scadenza del termine per la pronuncia del lodo (150): in tal caso, il processo subisce quindi una seconda trasmigrazione, in senso inverso, verso il giudice statale, presso il quale dovrà dunque essere nuovamente depositato il fascicolo della causa. Soltanto qualora il processo sia riassunto davanti al giudice togato, il lodo non potrà più essere più essere pronunciato (art. 1, comma 4°, terzo periodo, del decreto), di guisa che il giudizio arbitrale dovrà presumibilmente concludersi con un'ordinanza che dia atto dell'avvenuta riassunzione nei termini del processo d'appello davanti al giudice togato.

In caso di scadenza del termine per la pronuncia del lodo, non viene però meno, per ciò solo, il potere degli arbitri di rendere il lodo di merito, come conferma – incidentalmente – l'art. 1, comma 4°, ultimo periodo, del decreto (151); in altre parole, nel periodo che intercorre fra la scadenza del termine per la pronuncia del lodo e la scadenza del termine per la riassunzione del processo dinnanzi al giudice statale, non sorge alcuna ragione di improseguibilità dell'arbitrato, beninteso in mancanza dell'atto di riassunzione.

In tale finestra temporale, vi sono dunque due possibilità per impedire la pronuncia di un legittimo lodo di merito: da un lato, procedere alla riassunzione del processo dinnanzi al giudice statale; dall'altro, notificare alle altre parti e agli arbitri l'intenzione di far valere la decadenza di questi ultimi per sca-

---

(150) Il processo d'appello deve pertanto considerarsi ancora pendente: v. C. CONSOLO, *Un d.l. processuale in bianco e nerofumo sullo equivoco della «degiurisdizionalizzazione»*, cit., p. 1175.

(151) Il quale allude all'impugnazione per nullità del lodo pronunciato «entro il termine di centoventi giorni (...) o, in ogni caso, entro la scadenza di quello per la riassunzione», così confermando la legittimità processuale del lodo pronunciato in tale momento temporale. Per tale rilievo, v. C. CONSOLO, *Un d.l. processuale in bianco e nerofumo sullo equivoco della «degiurisdizionalizzazione»*, cit., p. 1175; A. BRIGUGLIO, *Nuovi ritocchi in vista per il processo civile*, cit., p. 11 s.; G. NAVARRINI, *Riflessioni a prima lettura sul nuovo «arbitrato deflattivo»*, cit., p. 24.

denza del termine ai sensi dell'art. 821 cod. proc. civ. (152), a cui consegue l'obbligo degli arbitri di pronunciare l'estinzione del giudizio arbitrale, sotto pena di nullità del lodo ai sensi dell'art. 829, comma 1°, n. 6, cod. proc. civ. (153).

Nell'ipotesi in cui, invece, nessuna delle parti provveda alla riassunzione del processo dinnanzi al giudice statale nel termine perentorio, come si è già accennato sopra, il procedimento nel suo complesso si estingue, con conseguente passaggio in giudicato della sentenza di primo grado, ai sensi dell'art. 338 cod. proc. civ., espressamente richiamato dall'art. 1, comma 4°, quarto periodo, del decreto. In tale ipotesi, peraltro, l'estinzione del processo potrà essere dichiarata, con un lodo di rito, dagli stessi arbitri; oppure, in caso di tardiva riassunzione davanti al giudice di appello, anche da quest'ultimo.

Ovviamente, qualora nel corso del giudizio arbitrale di appello sia stato pronunciato un lodo non definitivo su questione o un lodo parziale, idoneo a modificare gli effetti del provvedimento impugnato nel procedimento estinto, la sentenza resa dal giudice statale di primo grado non potrà produrre alcun effetto di cosa giudicata (154).

Potrebbe ovviamente anche accadere che gli arbitri pronuncino nel merito pur dopo la scadenza del termine per la

---

(152) Così anche A. BRIGUGLIO, *Nuovi ritocchi in vista per il processo civile*, cit., p. 11; G. NAVARRINI, *Riflessioni a prima lettura sul nuovo «arbitrato deflattivo»*, cit., p. 24 s.; cfr. altresì L. D'AGOSTO, S. CRISCUOLO, *Prime note sulle «misure urgenti di degiurisdizionalizzazione e altri interventi per la definizione dell'arretrato in materia di processo civile»*, cit., p. 9 s.

(153) In proposito, v. C. PUNZI, *Disegno sistematico dell'arbitrato*, 2ª ed., cit., vol. II, p. 552 s.

(154) Per tale doverosa precisazione, che riposa sul richiamo all'art. 338 cod. proc. civ., v. S. IZZO, *Legge 10 novembre 2014, n. 162*, cit., p. 3. Per le possibili complicazioni derivanti dalla contemporanea pendenza dell'impugnazione per nullità avverso il lodo parziale e del giudizio d'appello riassunto a seguito della mancata pronuncia del lodo definitivo, v. G. NAVARRINI, *Riflessioni a prima lettura sul nuovo «arbitrato deflattivo»*, cit., p. 26 s.

riassunzione e, addirittura, anche dopo la tempestiva riassunzione del processo davanti al giudice statale: in tal caso, il lodo arbitrale sarebbe nullo ai sensi dell'art. 829, comma 1°, n. 4, cod. proc. civ. (perché «ha deciso il merito della controversia in ogni altro caso in cui il merito non poteva essere deciso»). Tuttavia, la formulazione – indubbiamente assai poco chiara – della disposizione sembrerebbe escludere la possibilità dell'impugnazione per nullità del lodo arbitrale, qualora questo sia pronunciato fuori termine (155).

Questa impostazione non appare però condivisibile, posto che il lodo arbitrale pronunciato fuori termine potrebbe comunque dare vita ad una decisione vincolante, per cui occorre comunque ammetterne l'impugnabilità ai sensi degli artt. 827 ss. cod. proc. civ.

L'art. 1, comma 4°, del decreto prevede invece espressamente l'ipotesi in cui sia impugnato ai sensi dell'art. 829 cod. proc. civ. il lodo arbitrale tempestivamente reso nel termine per la pronuncia, ovvero entro la scadenza del termine per la riassunzione (156), ciò che potrebbe avvenire, ad esempio per il superamento dei limiti oggettivi del patto compromissorio, ov-

---

(155) Lo ritiene non impugnabile per nullità: S. IZZO, *Legge 10 novembre 2014, n. 162*, cit., p. 4, testo e nota 8, sulla base del rilievo che l'art. 1, comma 4°, d.l. n. 132/2014, contempla espressamente soltanto l'ipotesi di «nullità del lodo pronunciato entro il termine di centoventi giorni (...) o, in ogni caso, entro la scadenza di quello per la riassunzione»; in senso dubitativo sul punto, v. invece G. NAVARRINI, *Riflessioni a prima lettura sul nuovo «arbitrato deflattivo»*, cit., p. 25. Secondo D. BORGHESI, *La delocalizzazione del contenzioso civile: sulla giustizia sventola bandiera bianca?*, cit., p. 10, «il lodo pronunciato oltre il termine sembrerebbe affetto da una sorta di inesistenza-nullità assoluta e non da una semplice annullabilità», di guisa che il relativo vizio potrebbe essere fatto valere anche a prescindere dall'impugnazione per nullità.

(156) C. CONSOLO, *Un d.l. processuale in bianco e nerofumo sullo equivoco della «degiurisdizionalizzazione»*, cit., p. 1175; G. NAVARRINI, *Riflessioni a prima lettura sul nuovo «arbitrato deflattivo»*, cit., p. 27.

vero per violazione delle regole di nomina degli arbitri, e via discorrendo.

In tal caso, qualora sia dichiarata la nullità del lodo arbitrale a norma dell'art. 830 cod. proc. civ. (157), il processo deve essere riassunto, ai sensi dell'art. 1, comma 4°, del decreto, davanti al giudice d'appello entro il termine, che pare sempre a pena di estinzione, di sessanta giorni dal passaggio in giudicato della sentenza di nullità (158), la quale è peraltro ulteriormente impugnabile – secondo le regole ordinarie – con il ricorso per cassazione (159).

Ne esce, pertanto, anche un po' compromesso lo spirito «deflattivo» dell'istituto, posto che ove la sentenza avverso il lodo «sostitutivo» dell'appello resa ai sensi dell'art. 830 cod. proc. civ. sia impugnata in Cassazione, si avrebbe una straordinaria moltiplicazione dei gradi di giudizio, con buona pace del fine della «ragionevole durata del processo» (160).

Nulla è detto, infine, con riguardo al caso in cui il giudizio arbitrale si chiuda per un evento estintivo autonomo (161), nel qual caso di aprono due incerte alternative (162): consentire anche in tale ipotesi, per analogia, la riassunzione della causa dinnanzi al giudice dell'appello, oppure ritenere che si debba

---

(157) Sulla possibilità, nei casi consentiti, della pronuncia anche rescissoria in sede di impugnazione per nullità, secondo la regola generale di cui all'art. 830 cod. proc. civ., la cui considerazione appare invero omessa nel secco art. 1, comma 4°, del decreto, v. G. NAVARRINI, *Riflessioni a prima lettura sul nuovo «arbitrato deflattivo»*, cit., p. 27.

(158) S. IZZO, *Legge 10 novembre 2014, n. 162*, cit., p. 4.

(159) C. CONSOLO, *Un d.l. processuale in bianco e nerofumo sullo equivoco della «degiurisdizionalizzazione»*, cit., p. 1175.

(160) A. BRIGUGLIO, *Nuovi ritocchi in vista per il processo civile*, cit., p. 13 parla a questo proposito di un «intreccio foriero di pasticci».

(161) Si pensi alle ipotesi di cui agli artt. 819 *bis* e 821 cod. proc. civ., su cui v. M. BOVE, *La giustizia privata*, 2ª ed., Padova, 2013, p. 139.

(162) In merito a questi aspetti problematici, v. C. CONSOLO, *Un d.l. processuale in bianco e nerofumo sullo equivoco della «degiurisdizionalizzazione»*, cit., p. 1176.

instaurare un nuovo procedimento. Se si aderisce a quest'ultima impostazione, è peraltro da chiedersi se il patto compromissorio speciale stipulato ai sensi dell'art. 1 del decreto vincoli le parti alla risoluzione arbitrale della lite, in ossequio al principio di cui all'art. 808 *quinquies* cod. proc. civ., oppure se il compromesso dispieghi *ab origine* i suoi effetti soltanto limitatamente al processo in corso, con conseguente necessità dell'introduzione di un nuovo processo dinnanzi al giudice statale in caso di estinzione del processo arbitrale.

5. – *Compensi degli arbitri.*

I compensi arbitrali hanno una disciplina speciale nei casi di arbitrato svolto secondo le modalità di cui all'art. 1 del decreto. In primo luogo, infatti, con decreto regolamentare del Ministro della giustizia, da adottare entro novanta giorni dalla data di entrata in vigore della legge di conversione, possono essere stabilite riduzioni dei parametri relativi ai compensi degli arbitri (163).

In secondo luogo, in tali ipotesi, non trova applicazione l'art. 814, comma 1°, secondo periodo, cod. proc. civ., il quale prevede l'obbligo di solidarietà delle parti per il pagamento del compenso arbitrale, con la conseguenza che ciascuna parte sarà tenuta al versamento delle spese e degli onorari solo limitatamente alla quota di propria spettanza (164).

Diversamente, non è esclusa l'applicazione del procedimento privilegiato di liquidazione di cui all'art. 814 cod. proc. civ.,

---

(163) Pertanto, finché tale decreto non verrà emanato, dovranno operare i parametri forensi ordinari: così S. IZZO, *Legge 10 novembre 2014, n. 162*, cit., p. 3. Sul punto, v. anche V. VIGORITI, *Il «trasferimento»» in arbitrato: l'inizio di un'inversione di tendenza?*, cit., p. 8 s.

(164) V., in particolare, D. BORGHESI, *La delocalizzazione del contenzioso civile: sulla giustizia sventola bandiera bianca?*, cit., p. 12; S. IZZO, *Legge 10 novembre 2014, n. 162*, cit., p. 3.

per cui gli arbitri potranno ricorrere ad esso per ottenere il rimborso delle spese e l'onorario per l'«opera prestata», ma anche procedere in via ingiuntiva o ancora nei modi ordinari (165).

Ovviamente, poiché trovano per il resto applicazione le disposizioni relative all'arbitrato rituale, gli arbitri hanno anche la possibilità di chiedere anticipazioni e acconti nel corso del procedimento, ovvero anche subordinare la prosecuzione del giudizio arbitrale al versamento anticipato delle spese prevedibili ai sensi dell'art. 816 *septies* cod. proc. civ. (166).

---

(165) In proposito, v. V. VIGORITI, *Il «trasferimento»» in arbitrato: l'inizio di un'inversione di tendenza?*, cit., p. 10.

(166) Su questa disposizione, v. G.F. RICCI, *sub* art. 816 *septies*, in *Arbitrato*, diretto da F. CARPI, 2ª ed., Bologna, 2007, p. 464 ss.; P.L. NELA, *sub* art. 816 *septies*, in *Le recenti riforme del processo civile*, diretto da S. CHIARLONI, Bologna, 2007, vol. II, 1763 ss.; C. LOVISE, *sub* art. 816 *septies*, in *Codice di procedura civile commentato*, 5ª ed., diretta da C. CONSOLO, cit., vol. III, p. 1891 ss.; M. GRADI, *sub* art. 816 *septies*, in *Commentario del codice di procedura civile*, diretto da L.P. COMOGLIO, C. CONSOLO, B. SASSANI e R. VACCARELLA, vol. VII, 4, Torino, 2014, p. 476 ss.

IV
NEGOZIAZIONE ASSISTITA E ACCORDI SULLE «CRISI CONIUGALI»

SOMMARIO: 1. Procedura di negoziazione assistita da uno o più avvocati. – 2. Convenzione di negoziazione. – 3. Negoziazione obbligatoria e condizione di procedibilità. – 4. Rapporti tra procedura di negoziazione assistita, procedimento di mediazione e altre procedure speciali finalizzate alla conciliazione. – 5. Effetti sostanziali dell'invito a negoziare. – 6. L'obbligo di lealtà e la riservatezza della negoziazione. – 7. Rifiuto dell'invito a negoziare ed esito negativo della negoziazione. – 8. Accordo di componimento della lite a seguito della negoziazione. – 9. Procedura di negoziazione assistita da avvocati in materia di separazione e divorzio dei coniugi. – 10. Accordi sulle «crisi coniugali» davanti all'ufficiale dello stato civile.

1. – *Procedura di negoziazione assistita da uno o più avvocati.*

Fra le più importanti innovazioni adottate dal d.l. n. 132/2014 vi è infine quelle che riguarda la procedura di negoziazione assistita da uno o più avvocati (167), con le quali le parti in sostanza affidano ai propri rispettivi difensori il compi-

---

(167) Per un primo commento della nuova disciplina, v., oltre agli scritti citati *supra*, alle note 3 e 5, anche D. BORGHESI, *La delocalizzazione del contenzioso civile: sulla giustizia sventola bandiera bianca?*, cit., p. 12 ss.; P. SANDULLI, *In tema di arbitrato in corso di causa e negoziazione assistita*, in *Le riforme del processo civile. Dalla digitalizzazione del processo alla negoziazione assistita*, a cura di A. DIDONE, cit., p. 1321 ss.

to di svolgere trattative stragiudiziali prima del processo, con lo scopo di prevenire la controversia giudiziaria e di trovare una soluzione reciprocamente soddisfacente e conveniente del litigio (168).

Si tratta – come è ovvio – di un'attività che, anche in passato, poteva essere svolta dai difensori delle parti prima del ricorso al processo davanti all'autorità giudiziaria, e che poteva condurre ad una transazione o comunque alla stipulazione di un accordo reciprocamente soddisfacente per i litiganti, ma che adesso trova una speciale regolamentazione, tanto in relazione al procedimento di negoziazione e ai suoi rapporti con il processo, quanto agli effetti dell'eventuale accordo di composizione della lite (169).

2. – *Convenzione di negoziazione.*

La convenzione di negoziazione assistita da uno o più avvocati è definita, dall'art. 2, comma 1°, del decreto, come un accordo mediante il quale le parti convengono di cooperare in buona fede e con lealtà per risolvere «in via amichevole» una controversia tramite l'assistenza di uno o più avvocati iscritti all'albo professionale (170). Come si ricava, anche per sottra-

---

(168) Per l'inquadramento dell'istituto nell'ambito dei mezzi alternativi di composizione delle liti, v. C. PUNZI, *La c.d. «degiurisdizionalizzazione» della giustizia civile*, cit., § 6.

(169) Siffatta disciplina è già operante, in quanto entrata in vigore il 13 settembre 2014, salvo che per quanto riguarda la condizione di procedibilità della domanda giudiziale, su cui v. *infra*, § 3. Occorre anche considerare che alcune disposizioni sono state *medio tempore* modificate con la legge di conversione n. 162/2014: per un commento al testo originario della disciplina della negoziazione assistita, v., in particolare, L. D'AGOSTO, S. CRISCUOLO, *Prime note sulle «misure urgenti di degiurisdizionalizzazione e altri interventi per la definizione dell'arretrato in materia di processo civile»*, cit., p. 11 ss.

(170) La legge vi include anche i c.d. avvocati stabiliti, che hanno acquisito il titolo professionale in uno Stato membro dell'Unione europea e che si

zione dall'art. 6 del decreto (171), la negoziazione «amichevole» può essere affidata ad un avvocato per parte, ciascuno dei quali rappresenterà dunque gli interessi del proprio assistito, ma anche essere svolta con l'ausilio di un unico avvocato nominato di comune accordo, nella misura in cui sia ritenuto dalle parti in posizione di ragionevole equidistanza, ovvero nominato da una sola parte per condurre le trattative nel proprio esclusivo interesse direttamente con la controparte (172).

Al fine di procedere alla formazione dell'accordo in discorso, la parte interessata potrebbe anche formulare un invito a stipulare la convenzione di negoziazione, ai sensi dell'art. 4, comma 1°, del decreto. Tale invito deve indicare l'oggetto della controversia e contenere altresì l'avvertimento che la mancata risposta all'invito entro il termine di trenta giorni dalla ricezione o il suo rifiuto possono essere oggetto di valutazione del giudice ai fini delle spese del giudizio, nonché ai sensi degli artt. 96 e 642, comma 1°, cod. proc. civ. (173); in base all'art. 4, comma 2°, del decreto, la certificazione dell'autografia della sottoscrizione della parte in calce all'invito avviene ad opera dell'avvocato che assiste la parte medesima.

---

iscrivono in una sezione speciale dell'albo ai sensi dell'art. 6 d.lgs. 2 febbraio 2001, n. 96 (art. 2, comma 1°, d.l. n. 132/2014). È inoltre fatto obbligo alle amministrazioni pubbliche di cui all'articolo 1, comma 2°, d.lgs. 30 marzo 2001, n. 165, di affidare la convenzione di negoziazione alla propria avvocatura, ove presente (art. 2, comma 1° *bis*, d.l. n. 132/2014).

(171) In proposito, v. *infra*, § 9.

(172) Sul punto, v. D. BORGHESI, *La delocalizzazione del contenzioso civile: sulla giustizia sventola bandiera bianca?*, cit., p. 13, il quale critica l'opportunità della disposizione in entrambe le ipotesi: nel primo caso, perché il difensore si troverebbe in una posizione di conflitto di interessi, con possibili ricadute sul piano deontologico; nel secondo, perché vi sarebbe una disparità delle armi fra le parti nella fase stragiudiziale delle trattative.

Come si vedrà meglio *infra*, § 8, la presenza o meno di un avvocato per parte pare comunque determinare significative conseguenze in termini di efficacia esecutiva dell'accordo di componimento della lite raggiunto all'esito della negoziazione.

(173) Su tali conseguenze, v. più dettagliatamente *infra*, § 7.

In caso di accettazione, occorre procedere alla stipulazione di una convenzione di negoziazione, con la quale si forma un accordo per la gestione della fase stragiudiziale del conflitto (174). Ai sensi dell'art. 2, comma 2°, del decreto, la convenzione di negoziazione deve precisare:

a) il termine concordato e determinato dalle parti per l'espletamento delle trattative, in ogni caso non inferiore a un mese e non superiore a tre mesi, prorogabile per ulteriori trenta giorni su accordo tra le parti;

b) l'oggetto della controversia, che non può però riguardare diritti indisponibili o vertere in materia di lavoro.

La convenzione di negoziazione deve essere redatta, a pena di nullità, in forma scritta, assume cioè *forma ad substantiam*, oltre a dover essere necessariamente conclusa con l'assistenza di uno o più avvocati. Anche in questo caso, ai legali delle parti è riconosciuto il potere di certificare l'autenticità delle sottoscrizioni apposte alla convenzione, sotto la propria responsabilità professionale.

È inoltre preciso dovere deontologico degli avvocati quello di informare il cliente, all'atto del conferimento dell'incarico, della possibilità di ricorrere alla negoziazione assistita, ai sensi dell'art. 2, comma 7°, del decreto. La sanzione per la violazione del «dovere di informazione» del difensore trova peraltro simmetrico richiamo nell'art. 27, comma 3°, del nuovo codice deontologico forense (175), laddove è appunto previsto

---

(174) Secondo S. IZZO, *Legge 10 novembre 2014, n. 162*, cit., p. 6, sarebbe anche possibile la stipulazione della convenzione per proposta e successiva accettazione, nel qual caso, però, la proposta dovrà già contenere tutti i requisiti necessari della convenzione, ossia, oltre all'oggetto della negoziazione, anche il termine per l'espletamento della procedura, mentre l'accettazione dovrà essere resa in forma scritta.

(175) Il nuovo codice deontologico forense, emanato dal Consiglio nazionale forense, ai sensi degli artt. 35, comma 1°, lett. d), e 65, comma 5°, l. 31 dicembre 2012, n. 247, è stato pubblicato sulla Gazzetta Ufficiale del 16 ottobre 2014 ed entrerà in vigore, decorsi sessanta giorni, ossia in data 15 dicembre 2014.

l'obbligo di informare la parte assistita – che appare opportuno assolvere chiaramente e per iscritto – dell'esistenza «dei percorsi alternativi al contenzioso giudiziario, pure previsti dalla legge», oltre che della possibilità di avvalersi del procedimento di mediazione di cui al d.lgs. n. 28/2010 o dei procedimenti conciliativi regolati da altre leggi speciali (176).

3. – *Negoziazione obbligatoria e condizione di procedibilità.*

La negoziazione assistita può essere innanzitutto facoltativa, ma in alcuni casi il legislatore impone alle parti di seguire tale procedimento in via obbligatoria prima di giungere alla lite giudiziaria: l'art. 3 del decreto prevede, infatti, alcune ipotesi di «negoziazione obbligatoria», che danno origine ad una condizione di procedibilità della domanda giudiziale. Tale nuova ipotesi di «giurisdizione condizionata» troverà applicazione una volta decorsi novanta giorni dall'entrata in vigore della legge di conversione, ossia a far data dal 9 febbraio 2015.

A partire da tale momento, chi intenderà esercitare in giudizio un'azione relativa a una controversia in materia di risarcimento del danno da circolazione di veicoli e natanti dovrà, tramite il suo avvocato, preventivamente invitare l'altra parte a stipulare una convenzione di negoziazione assistita ai sensi dell'art. 2 del decreto.

Allo stesso modo dovrà procedere anche chi voglia proporre in giudizio una domanda di pagamento a qualsiasi titolo di somme non eccedenti cinquantamila euro. Tuttavia, questo «obbligo di negoziazione» non si applica alle controversie che, pur rientrando in tale limite di valore, concernono materie oggetto della mediazione obbligatoria di cui all'art. 5, comma 1°

---

(176) Sul problema dei rapporti fra la procedura di negoziazione assistita, la mediazione regolata dal d.lgs. n. 28/2010 e gli altri procedimenti speciali di conciliazione, v. *infra*, § 4.

bis, d.lgs. n. 28/2010 (177), oppure obbligazioni derivanti da contratti conclusi tra professionisti e consumatori.

Nondimeno, l'applicazione della condizione di procedibilità è esclusa nei casi in cui la parte può stare in giudizio personalmente, ossia per le controversie che rientrano nella competenza per materia del giudice di pace e che non eccedono il valore di 1.100 euro, ai sensi dell'art. 82, comma 1°, cod. proc. civ. (178).

L'eccezione di improcedibilità di cui all'art. 3 del decreto è rilevabile, oltre che dalla controparte, anche d'ufficio dal giudice, costituisce cioè un'eccezione in senso lato, sia pure soggetta ad un termine preclusivo: siffatta *exceptio* deve infatti essere formulata dal convenuto, a pena di decadenza, o rilevata d'ufficio dal giudice, non oltre la prima udienza.

Qualora il giudice verifichi che la negoziazione assistita sia già iniziata, ma non conclusa, fissa una successiva udienza dopo la scadenza del termine previsto per la durata pattuita dalle parti nella convenzione di negoziazione, mentre, quando la negoziazione non è stata in alcun modo esperita, assegna alle parti il termine di quindici giorni per la comunicazione dell'invito, fissando una nuova udienza a distanza di un tempo sufficiente per lo svolgimento della negoziazione, che ai sensi dell'art. 2 del decreto può avere una durata compresa fra uno e tre mesi: si tratta quindi, come nel caso già rodato della mediazione, di un differimento dell'udienza senza sospensione del processo (179).

---

(177) Ciò evita, dunque, la sovrapposizione fra la «mediazione obbligatoria» e la «negoziazione obbligatoria»: in proposito, v. *infra*, § 4.

(178) Questa esclusione evita l'incongruenza – che si verifica invece, mutato ciò che si deve, nell'ambito della «mediazione obbligatoria» – di controversie per le quali sarebbe stata altrimenti obbligatoria l'assistenza di almeno un avvocato nel corso della negoziazione, a fronte dell'assenza dell'obbligo di difesa tecnica nel giudizio statale.

(179) Con riguardo alla mediazione, v., anche per riferimenti, M. GRADI, *La mediazione e la conciliazione delle controversie civili*, in C. PUNZI, *Il processo*

La condizione di procedibilità della domanda giudiziale è ovviamente soddisfatta in caso di espletamento infruttuoso del procedimento di negoziazione, nonché quando sia decorso il periodo di tempo pattuito dalle parti per lo svolgimento della procedura. Siffatta condizione si considera inoltre avverata se l'invito a negoziare non è seguito da adesione della controparte entro trenta giorni dalla sua ricezione, oppure se è seguito da un esplicito rifiuto.

Nonostante si versi in una delle ipotesi di «negoziazione obbligatoria», la condizione di procedibilità non opera in relazione a particolari tipi di procedimenti speciali, e precisamente:

a) nei procedimenti per ingiunzione, inclusa l'opposizione ai sensi dell'art. 645 cod. proc. civ.;

b) nei procedimenti di consulenza tecnica preventiva ai fini della composizione della lite di cui all'art. 696 *bis* cod. proc. civ.;

c) nei procedimenti di opposizione esecutivi o nei giudizi incidentali di cognizione relativi all'esecuzione forzata;

d) nei procedimenti camerali;

e) nell'azione civile esercitata nel processo penale.

L'esperimento obbligatorio del procedimento di negoziazione assistita non preclude inoltre la concessione di provvedimenti urgenti e cautelari, né la trascrizione della domanda giudiziale. Nondimeno, poiché la norma si limita a disporre una condizione di procedibilità delle azioni «in giudizio», non vi è alcun obbligo di negoziazione per le parti che abbiano compromesso la lite in arbitrato.

Infine, è previsto che quando il procedimento di negoziazione assistita è condizione di procedibilità della domanda, all'avvocato non è dovuto alcun compenso dalla parte che si trova nelle condizioni per l'ammissione al patrocinio a spese

---

civile. Sistema e problematiche, Le riforme del quadriennio 2010-2013, contributi coordinati da G. RUFFINI, cit., p. 310.

dello Stato, ai sensi dell'art. 76 del t.u. spese di giustizia (180). A tal fine, la parte è tenuta a depositare presso l'avvocato un'apposita dichiarazione sostitutiva dell'atto di notorietà, la cui sottoscrizione può anche essere autenticata dal medesimo avvocato, nonché a produrre, se l'avvocato lo richiede, la documentazione necessaria a comprovare la veridicità di quanto dichiarato.

4. – *Rapporti tra procedura di negoziazione assistita, procedimento di mediazione e altre procedure speciali finalizzate alla conciliazione.*

Come si è già accennato, l'art. 3, comma 1°, del decreto prevede espressamente che la «negoziazione obbligatoria» è esclusa nei casi previsti di «mediazione obbligatoria» di cui all'art. 5, comma 1° *bis*, d.lgs. 4 marzo 2010, n. 28, con la conseguenza che sono estirpate in radice complesse sovrapposizioni fra le due discipline, anche considerando che la materia del risarcimento dei danni derivanti dalla circolazione di veicoli e dei natanti è oggi sottratta dall'ambito di applicazione della «mediazione obbligatoria», come riformata a seguito della novella del 2013 (181).

L'art. 3, comma 5°, del decreto contiene inoltre una clausola di salvaguardia: prevede cioè che restano ferme le disposizioni che prevedono speciali procedimenti obbligatori di conciliazione, comunque denominati. In tal caso, il termine di decorrenza della procedura di «negoziazione obbligatoria», per le

---

(180) La norma appare ingiustificata nella prospettiva dell'avvocato, secondo L. D'AGOSTO, S. CRISCUOLO, *Prime note sulle «misure urgenti di degiurisdizionalizzazione e altri interventi per la definizione dell'arretrato in materia di processo civile»*, cit., p. 20 s., i quali la definiscono «vessatoria», in ragione del fatto che esclude qualunque compenso in favore del difensore, il quale potrà soltanto rifiutare l'incarico.

(181) C. PUNZI, *La c.d. «degiurisdizionalizzazione» della giustizia civile*, cit., § 6.

materie soggette ad altri termini di procedibilità, decorre unitamente ai medesimi.

A tale proposito, una possibile sovrapposizione fra diverse discipline si verifica, ad esempio, nelle controversie relative al risarcimento dei danni derivanti dalla circolazione dei veicoli e dei natanti, per le quali opera il filtro di accesso di cui all'art. 145 cod. ass., che impone l'invio di una richiesta alla controparte tramite lettera raccomandata con ricevuta di ritorno, con necessità di attendere sessanta o novanta giorni (rispettivamente, per danni alle cose o anche alle persone), prima di poter avviare l'azione giudiziaria: in tal caso, deve quindi ritenersi che il danneggiato possa presentare la richiesta di risarcimento dei danni e contestualmente formulare l'invito alla stipulazione di una convenzione di negoziazione, nel qual caso i rispettivi termini decorreranno, appunto, congiuntamente (182).

Altre sovrapposizioni fra discipline possono sorgere con riferimento ai procedimenti obbligatori speciali di conciliazione in materia di controversie agrarie *ex* art. 11 d.lgs. 1° settembre 2011, n. 150; di controversie tra utenti e organismi di telecomunicazioni *ex* art. 1, comma 1°, l. 21 luglio 1997, n. 249; di controversie relative a contratti di subfornitura *ex* art. 10 l. 18 giugno 1998, n. 192; di controversie in tema di diritti d'autore *ex* art. 71 *quinquies* e 194 *bis*, l. 22 aprile 1941, n. 633 (183).

5. – *Effetti sostanziali dell'invito a negoziare.*

L'art. 8 del decreto ricollega alla comunicazione dell'invito a concludere una convenzione di negoziazione assistita, ovvero alla sottoscrizione della convenzione di negoziazione, impor-

---

(182) Cfr. le osservazioni di L. D'AGOSTO, S. CRISCUOLO, *Prime note sulle «misure urgenti di degiurisdizionalizzazione e altri interventi per la definizione dell'arretrato in materia di processo civile»*, cit., p. 17 s.

(183) Al riguardo, v. S. IZZO, *Legge 10 novembre 2014, n. 162*, cit., p. 6, che parla in proposito di «difficile esegesi» della disciplina normativa.

tanti effetti sostanziali sulla prescrizione e sulla decadenza, che sono ovviamente imprescindibili, secondo l'insegnamento della Corte costituzionale, in ogni caso in cui il legislatore preveda limiti temporali all'accesso alla giurisdizione.

Infatti, anche il semplice invito a stipulare la convenzione di negoziazione produce sulla prescrizione gli stessi effetti della domanda giudiziale, ossia interrompe, ai sensi dell'art. 2943 cod. civ., il termine di prescrizione, che riprenderà a decorrere *ex novo* a partire dal momento interruttivo, ai sensi dell'art. 2945, comma 1°, cod. civ. (184).

Per effetto dell'invito a negoziare è inoltre impedita, per una sola volta, la decadenza, ma se l'invito è rifiutato o non è accettato nel termine di trenta giorni, o se ancora la negoziazione ha un esito negativo, la domanda giudiziale deve essere proposta entro il medesimo termine di decadenza decorrente dal rifiuto, dalla mancata accettazione nel termine previsto dalla legge, ovvero dalla dichiarazione di mancato accordo certificata dagli avvocati. Si ha quindi un effetto interruttivo e sospensivo sul termine di decadenza, che opera fino alla conclusione del procedimento di negoziazione.

Questa disciplina, unitamente al fatto che la negoziazione ha una durata limitata nel tempo (da uno a tre mesi, secondo l'accordo delle parti) e che la condizione si considera assolta in caso di mancata adesione dell'avversario in un termine ragionevole (trenta giorni), consente dunque di ritenere assolte le condizioni per la conformità costituzionale della limitazione all'accesso alla giustizia, in quanto:

a) sono fatti salvi gli effetti sostanziali della domanda;

---

(184) Secondo D. BORGHESI, *La delocalizzazione del contenzioso civile: sulla giustizia sventola bandiera bianca?*, cit., p. 20 s., a seguito della formulazione dell'invito a negoziare si determinerebbe altresì anche l'effetto sospensivo sulla prescrizione, ai sensi dell'art. 2945, comma 2°, cod. civ., fino alla conclusione del procedimento di negoziazione o, comunque, fino alla scadenza del termine per l'espletamento della stessa.

b) il procedimento finalizzato alla composizione della lite non ha una durata irragionevole e non preclude, decorso tale termine, l'accesso alla giustizia (185).

6. – *L'obbligo di lealtà e la riservatezza della negoziazione.*

Il legislatore processuale ha sentito l'esigenza di specificare, con un duplice richiamo (negli artt. 2 e 9 del decreto), che nel corso del procedimento di mediazione gli avvocati e le parti hanno l'obbligo di comportarsi con lealtà al fine di fare il possibile per raggiungere il componimento della lite. Si tratta, a mio avviso, dell'inclusione di un «obbligo di dialogo» finalizzato alla tutela della relazione fra le parti già nella fase stragiudiziale e preliminare della lite: obbligo ragionevolissimo, ma che assai difficilmente potrà trovare una qualche sanzione in caso di violazione, salvo il caso del rifiuto assoluto di negoziare (186).

L'art. 9 del decreto prevede inoltre, a carico degli avvocati e delle parti, un obbligo di tenere riservate le informazioni ricevute durante la procedura di negoziazione. Conseguentemente, è stabilito che le dichiarazioni rese e le informazioni acquisite nel corso del procedimento non possano essere utilizzate nel giudizio avente in tutto o in parte il medesimo oggetto, nonché che i difensori delle parti e coloro che comunque partecipano

---

(185) Con riferimento alla legittimità costituzionale dei tentativi obbligatori di conciliazione, quando soddisfino siffatte condizioni, v. Corte cost. 4 marzo 1992, n. 82, in *Foro it.*, 1992, I, c. 1023 ss., con osservazioni di G. COSTANTINO; Corte cost. 13 luglio 2000, n. 276, in *Giust. civ.*, 2000, I, p. 2499 ss., con nota di A. BRIGUGLIO, *Un'occasione per la pronuncia di una sentenza interpretativa di rigetto da parte della Consulta?*; ed in *Riv. dir. proc.*, 2000, 1219 ss., con nota di R. CONTE, *Tentativo obbligatorio di conciliazione in materia di lavoro, giurisdizione condizionata e finalità del procedimento monitorio*; Corte cost. 30 novembre 2007, n. 403, in *Giust. civ.*, 2008, I, p. 307 ss.

(186) In proposito, v. *infra*, § 7.

al procedimento di negoziazione (si pensi ai collaboratori dei difensori) non possano essere tenuti a deporre sul contenuto delle dichiarazioni rese e delle informazioni acquisite (187).

La disposizione, che intende favorire la spontaneità del comportamento delle parti nel corso della negoziazione e che ricalca quella prevista per la riservatezza della mediazione ai sensi dell'art. 10 d.lgs. n. 28/2010, va ovviamente intesa *cum grano salis*, non potendo essere utilizzata per vietare alle parti, nel successivo giudizio, di allegare fatti o di avvalersi di prove la cui conoscenza derivi dalle dichiarazioni rese dalle parti o dalle informazioni acquisite nel corso della negoziazione, che magari non sarebbe stato possibile conoscere per altra via.

In altre parole, il divieto di utilizzazione riguarda soltanto ciò è avvenuto nel corso della negoziazione, ivi incluse le dichiarazioni delle parti o dei terzi che vi abbiano partecipato, ma non esclude la possibilità di allegare e provare in giudizio i fatti della causa che pure sono stati conosciuti dalle parti durante la negoziazione, con la precisazione che la relativa prova dovrà comunque essere acquisita *aliunde* e non attraverso il riferimento a quanto dichiarato o emerso nel procedimento di mediazione.

Sarebbe altrimenti assai semplice, per la parte più scaltra ed astuta, introdurre nel corso della negoziazione un'informazione sfavorevole e ignota all'avversario, al solo fine di «lucrarne» l'inutilizzabilità nel corso del successivo giudizio. Questa interpretazione, che pure può trovare appiglio nella sibillina formulazione dell'art. 9 del decreto, non è però condivisibile, in quanto pregiudica in maniera irragionevole il fine della «giustizia della decisione».

---

(187) Come osserva D. BORGHESI, *La delocalizzazione del contenzioso civile: sulla giustizia sventola bandiera bianca?*, cit., p. 22, la disposizione «pone un generale motivo di inammissibilità riferito al materiale istruttorio tratto dalla negoziazione», con la conseguenza che l'eccezione dalla testimonianza non costituisce una facoltà per i difensori, bensì di un vero e proprio divieto.

A tutti coloro che partecipano al procedimento si applicano inoltre le disposizioni dell'art. 200 cod. proc. pen. in relazione alla facoltà di astensione dalla testimonianza per ragioni di segreto professionale; in virtù del rinvio all'art. 103 cod. proc. pen., ai soggetti coinvolti nella negoziazione sono altresì riconosciute le garanzie di libertà spettanti al difensore nel processo penale, fra cui, in particolare, il privilegio di non essere sottoposti a perquisizioni o ispezioni, salvo che il soggetto non sia imputato di un reato o non si cerchi il corpo del reato.

Con riferimento alla normativa antiriciclaggio, l'art. 10 del decreto ha inoltre precisato che l'obbligo di segnalazione delle operazioni sospette non opera in relazione alle informazioni che l'avvocato riceve dal proprio cliente o che ottiene riguardo allo stesso nel corso dell'esame della posizione giuridica dell'assistito, compresa la consulenza sull'eventualità di intentare o di evitare un procedimento, «anche tramite una convenzione di negoziazione assistita da uno o più avvocati ai sensi di legge» (art. 12, comma 2°, d.lgs. 21 novembre 2007, n. 231) (188).

È infine previsto che i difensori non possano essere nominati arbitri nelle controversie aventi il medesimo oggetto o un oggetto connesso con quello trattato nella negoziazione, la cui violazione non sembra però poter rientrare, giusta la lettera della legge, nel motivo di annullamento del lodo di cui all'art. 829, comma 1°, n. 3, cod. proc. civ. («lodo pronunciato da chi non poteva essere arbitro ai sensi dell'art. 812 cod. proc. civ.»), configurando dunque una *species* del motivo della ricusazione di cui all'art. 815, comma 1°, n. 6, cod. proc. civ. (per aver presta-

---

(188) In proposito, v. S. IZZO, *Legge 10 novembre 2014, n. 162*, cit., p. 9; L. D'AGOSTO, S. CRISCUOLO, *Prime note sulle «misure urgenti di degiurisdizionalizzazione e altri interventi per la definizione dell'arretrato in materia di processo civile»*, cit., p. 12 s., i quali ritengono la previsione assai opportuna, perché altrimenti l'avvocato sarebbe stato soggetto all'obbligo di segnalazione delle operazioni sospette.

to «assistenza (...) ad una delle parti in una precedente fase della vicenda») (189).

Tuttavia, si sensi dell'art. 9, comma 4° *bis*, del decreto, la violazione del divieto di assumere il mandato arbitrale – così come la violazione degli obblighi di lealtà e riservatezza della negoziazione – costituisce per l'avvocato un illecito disciplinare.

7. – *Rifiuto dell'invito a negoziare ed esito negativo della negoziazione.*

Con una significativa inversione di prospettiva della «filosofia del litigio», la nuova legge prevede che, a seguito dell'invito a negoziare, esista un obbligo della controparte di accettare la proposta e di partecipare alla procedura di negoziazione: infatti, dall'art. 4, comma 1°, del decreto, è possibile ricavare la conclusione che il rifiuto assoluto dell'avversario di negoziare può essere valutato dal giudice ai fini delle spese del giudizio e di quanto previsto dagli artt. 96 e 642, comma 1°, cod. proc. civ.

Tale norma, che sembra potersi applicare tanto alle ipotesi di «negoziazione obbligatoria», quanto a quelle di «negoziazione facoltativa» (190), può innanzitutto consentire, ai sensi dell'art. 92, comma 1°, cod. proc. civ., la riduzione del *quantum* delle spese liquidabili in favore della parte vincitrice che si sia

---

(189) In proposito, v. D. BORGHESI, *La delocalizzazione del contenzioso civile: sulla giustizia sventola bandiera bianca?*, cit., p. 21, il quale rileva peraltro che, secondo la norma speciale in esame, il motivo di ricusazione non sarebbe ristretto – come sembra avvenire nell'art. 815, comma 1°, n. 6, cod. proc. civ. – alla stessa controversia, bensì esteso anche alle liti connesse.

(190) In senso conforme, v. S. IZZO, *Legge 10 novembre 2014, n. 162*, cit., p. 6, nota 13, la quale deduce tale conseguenza dal fatto che è richiamata la disposizione di cui all'art. 642 cod. proc. civ., relativa al procedimento di ingiunzione, per il quale è sempre esclusa la «negoziazione obbligatoria»: v. *supra*, § 3.

però rifiutata di negoziare *ante causam*, ovvero la possibilità di condannare quest'ultima, indipendentemente dalla soccombenza, alla rifusione delle spese all'avversario per violazione del principio di lealtà processuale (*rectius*, pre-processuale).

Tale norma sembra altresì introdurre un'eccezione alla disciplina della compensazione delle spese appena riformata, ossia all'art. 92, comma 2°, cod. proc. civ., consentendo al giudice di compensare le spese di lite in ragione della mancata partecipazione alla negoziazione assistita.

Più incisivo appare il riferimento all'art. 96 cod. proc. civ., che può servire a sanzionare con la condanna ai danni processuali, ovvero alla pena pecuniaria civile disposta della medesima norma, la parte che abbia agito o resistito in giudizio in mala fede o colpa grave: in altre parole, la consapevolezza del proprio torto, o l'ignoranza gravemente colpevole delle proprie ragioni, può ricavarsi anche dal comportamento pre-processuale della parte recalcitrante che si sia rifiutata financo di negoziare: insomma, il rifiuto della parte «irragionevole» che non voglia nemmeno sedersi al tavolo delle trattative potrebbe essere considerato, nel successivo giudizio, indice della sua mala fede processuale o comunque della sua «temerarietà» nel resistere all'altrui pretesa.

Il richiamo all'art. 642, comma 1°, cod. proc. civ., che è stato ritenuto «criptico» (191), pare significare che la parte che si è vista rifiutare l'invito a negoziare potrebbe chiedere ed ottenere la provvisoria esecutività del decreto ingiuntivo già nella fase *inaudita altera parte*. Va però rilevato che, a tal fine, la negoziazione non è mai obbligatoria, essendo in ogni caso esclusa – con riguardo a tale procedimento – la condizione di procedibilità della domanda (192).

---

(191) A. BRIGUGLIO, *Nuovi ritocchi in vista per il processo civile*, cit., p. 16.

(192) V. *supra*, § 3. Questo ovviamente non esclude comunque che la parte possa invitare l'avversario a svolgere una negoziazione facoltativa.

Come è stato suggerito, la disposizione potrebbe anche valere in senso inverso, ossia per impedire la concessione della provvisoria esecutività richiesta dalla parte che in precedenza si sia rifiutata di negoziare (193), ma ciò passerebbe per il riconoscimento di un obbligo della parte ricorrente di riferire tale circostanza in sede di ricorso *inaudita altera parte*.

Diverso è il caso del mancato raggiungimento dell'accordo di composizione della lite a seguito della procedura di negoziazione avviata dalle parti dopo aver stipulato la relativa convenzione di negoziazione. In tale ipotesi, infatti, non vi sono conseguenze sanzionatorie e la legge semplicemente prevede che la dichiarazione di mancato accordo a seguito della negoziazione sia certificata dagli avvocati designati. Dopo di ciò, anche ove non sia trascorso il termine previsto nella convenzione di negoziazione per il completamento della procedura, dovrà ritenersi assolta la condizione di procedibilità della domanda giudiziale.

8. – *Accordo di componimento della lite a seguito della negoziazione.*

In caso di esito fruttuoso della negoziazione, le parti stipulano un accordo di componimento della lite, al quale l'art. 5 del decreto riconosce particolari effetti: più precisamente, tale accordo, sottoscritto dalle parti e dagli avvocati che le assistono, costituisce – senza bisogno di alcun *exequatur* – titolo per l'iscrizione di ipoteca giudiziale, nonché titolo esecutivo.

Per il raggiungimento di tali effetti, tuttavia, gli avvocati devono certificare l'autografia delle firme e la conformità dell'accordo alle norme imperative e all'ordine pubblico, in quest'ultimo caso svolgendo una funzione simile a quella compiuta dai difensori nell'ambito dell'accordo di conciliazione

---

(193) In questo modo, S. IZZO, *Legge 10 novembre 2014, n. 162*, cit., p. 6.

raggiunto a seguito della procedura di mediazione, ai sensi dell'art. 12 d.lgs. n. 28/2010 (194).

Ne segue altresì che l'accordo di componimento della lite all'esito della negoziazione assume la forma della scrittura privata; tuttavia, se le parti concludono uno dei contratti o compiono uno degli atti soggetti a trascrizione, al fine di eseguire le relative formalità pubblicitarie, la sottoscrizione del processo verbale di accordo deve essere autenticata da un pubblico ufficiale a ciò autorizzato. In tal caso, dunque, l'accordo dovrà assumere, per lo meno, la forma della scrittura privata autenticata, dovendo quindi essere sottoscritto dalle parti e dai difensori alla presenza, ad esempio, di un notaio, che certifichi appunto l'autenticità delle sottoscrizioni.

Con riferimento all'efficacia esecutiva dell'accordo di componimento della lite, va peraltro precisato che – non essendo stato previsto espressamente che l'esecutività valga, oltre che per l'espropriazione forzata, anche per l'esecuzione per consegna e rilascio e per l'esecuzione degli obblighi di fare e disfare, come dispone invece l'art. 6 d.lgs. n. 28/2010 per l'accordo conciliativo raggiunto a seguito del procedimento di mediazione – è giocoforza ritenere applicabili al caso in esame le dispo-

---

(194) In proposito, v. M. GRADI, *La mediazione e la conciliazione delle controversie civili*, cit., p. 320 s.; tuttavia, a differenza di quanto previsto per l'accordo di conciliazione raggiunto a seguito della procedura di mediazione, l'accordo di compimento della lite raggiunto all'esito della negoziazione, ma privo dei requisiti richiesti (sottoscrizione degli avvocati e certificazione, a loro cura, dell'autografia delle parti, nonché della compatibilità dell'accordo con l'ordine pubblico e con le norme imperative), resta privo di efficacia esecutiva, senza possibilità di ricorrere ad alcun procedimento di *exequatur* al fine di porre rimedio a tale mancanza.

Considerato peraltro che l'art. 1, comma 1°, del decreto conferisce efficacia esecutiva all'accordo che compone la lite, «sottoscritto dalle parti e dagli *avvocati* che *le* assistono» (corsivo mio), pare dunque doversi ritenere che, a tal fine, ciascuna parte debba essere assistita da un avvocato, con la precisazione che – in mancanza – l'accordo sarà sì valido, ma non avrà l'efficacia esecutiva di cui all'art. 5 del decreto.

sizioni generali previste in materia dagli artt. 474 e 612 cod. proc. civ.

Fermo restando che non si pone alcuna limitazione per l'espropriazione forzata, si ripropongono invece i soliti problemi interpretativi in relazione alla possibilità di procedere all'esecuzione in forma specifica in forza di titoli stragiudiziali. Come è noto, infatti, l'art. 474, comma 3°, cod. proc. civ., prevede che l'esecuzione forzata per consegna o rilascio non possa aver luogo che in virtù dei titoli esecutivi giudiziali o degli atti pubblici di cui, rispettivamente, ai nn. 1 e 3 dell'art. 474, comma 2°, cod. proc. civ.: ciò risulta altresì confermato dal n. 2 della predetta disposizione, dove è stabilito che le scritture private autenticate sono sì titoli esecutivi, ma solo relativamente alle obbligazioni di somme di denaro in esse contenute (195).

Inoltre, con riferimento all'esecuzione degli obblighi di fare o disfare, l'art. 612 cod. proc. civ. sembrerebbe richiedere una sentenza, *id est* un titolo giudiziale, per procedere all'esecuzione in forma specifica, per quanto la Corte costituzionale, sia pur con sentenza interpretativa di rigetto, abbia ritenuto che siano idonei a tal fine anche i titoli diversi dalla sentenza, quali il verbale di conciliazione giudiziale (196). L'art. 474, comma 2°, n. 1, cod. proc. civ., come riformulato nel 2005, oggi prevede che siano titoli esecutivi, oltre alla sentenza, anche «gli altri atti ai quali la legge attribuisce espressamente efficacia esecutiva», ma questo intervento non pare aver risolto con assoluta chiarezza la questione (197).

---

(195) Al riguardo, e anche per riferimenti, v. A. TRINCHI, *sub* art. 474, in *Codice di procedura civile commentato*, 5ª ed., diretta da C. CONSOLO, cit., vol. II, p. 1738 ss.

(196) Ci si riferisce a Corte cost., 12 luglio 2002, n. 336, in *Foro it.*, 2004, I, c. 41 ss.

(197) In argomento, anche per ulteriori richiami alle diverse interpretazioni, v. E. VULLO, *sub* art. 612, in *Codice di procedura civile commentato*, 5ª ed., diretta da C. CONSOLO, cit., vol. II, p. 2540 ss.

Ne segue, insomma, che l'efficacia esecutiva dell'accordo di componimento della lite a seguito della negoziazione appare limitata alla sola espropriazione forzata, senza però necessità, in questo caso, dell'autenticazione delle firme ad opera del notaio (posto che l'autografia delle sottoscrizioni è certificata dagli avvocati); correlativamente, tale efficacia esecutiva risulta per lo meno incerta con riferimento all'esecuzione per consegna o rilascio, salvo che le parti non decidano di far confluire l'accordo in un atto pubblico, nel qual caso l'idoneità esecutiva deriverà però dall'art. 474, comma 2°, n. 3, cod. proc. civ. e non dall'art. 5 del decreto; siffatta efficacia esecutiva pare infine esclusa per l'esecuzione in forma specifica, salvo che non si voglia estendere l'ambito applicativo dell'art. 612 cod. proc. civ.

Questi profili di possibile inefficacia esecutiva dell'accordo, o per lo meno i dubbi interpretativi al riguardo, dovranno essere tenuti in considerazione dalle parti ai fini della stipulazione dell'accordo all'esito della negoziazione, in quanto potrebbero comunque rendere necessaria un'ulteriore azione a seguito della prima negoziazione.

Al fine delle modalità pratiche con cui l'accordo di componimento della lite può essere fatto valere come titolo esecutivo, l'art. 5, comma 2° *bis*, del decreto, dispone che esso debba essere integralmente trascritto nell'atto di precetto ai sensi dell'articolo 480, comma 2°, cod. proc. civ., con contestuale certificazione di conformità a cura dell'ufficiale giudiziario che provvede alla notificazione: ciò è necessario quando l'accordo non sia stato stipulato per atto pubblico, dato che in tal caso manca il soggetto depositario che possa procedere alla spedizione del titolo in forma esecutiva ai sensi dell'art. 475 cod. proc. civ. (198).

---

(198) Analogamente, il d.l. n. 132/2014 ha disposto una modifica dell'art. 12, comma 1°, d.lgs. n. 28/2010, stabilendo che anche l'accordo di conciliazione raggiunto nell'ambito della procedura di mediazione, che a

Al fine di garantire la protezione dell'accordo di componimento della lite così raggiunto, l'art. 5, comma 4°, del decreto prevede infine che costituisca illecito deontologico per l'avvocato impugnare un accordo alla cui redazione ha partecipato. Il che, peraltro, non esclude la possibilità di impugnativa della parte, salva la necessità di rivolgersi ad un diverso avvocato per la relativa azione giudiziaria.

Quanto agli adempimenti successivi, ai sensi dell'art. 11 del decreto, i difensori che sottoscrivono l'accordo raggiunto dalle parti a seguito della convenzione di negoziazione, sono tenuti a trasmetterne copia al consiglio dell'ordine circondariale del luogo ove l'accordo è stato raggiunto, ovvero al consiglio dell'ordine presso cui è iscritto uno degli avvocati.

Questo adempimento ha il fine realizzare un generale monitoraggio delle procedure di negoziazione. Infatti, con cadenza annuale il Consiglio nazionale forense provvede al controllo delle procedure di negoziazione assistita, trasmettendo i relativi dati al Ministero della giustizia. Il Ministro della giustizia trasmette quindi alle Camere, sempre con cadenza annuale, una relazione sullo stato di attuazione delle procedure di negoziazione, contenente, in particolare, i dati trasmessi, distinti per tipologia di controversia, unitamente alle informazioni relative alle controversie iscritte a ruolo nell'anno di riferimento, a loro volta distinte per tipologia (199).

---

certe condizioni è dotato di efficacia esecutiva, debba essere integralmente trascritto nell'atto di precetto ai sensi dell'articolo 480, comma 2°, cod. proc. civ, risolvendo i dubbi in passato sollevati in dottrina: in ordine ai quali, v. F. CUOMO ULLOA, *La nuova mediazione. Profili applicativi*, Bologna, 2013, p. 349 s.

(199) S. IZZO, *Legge 10 novembre 2014, n. 162*, cit., p. 8 s.

9. – *Procedura di negoziazione assistita da avvocati in materia di separazione e divorzio dei coniugi.*

Particolari diposizioni sono dettate, dall'art. 6 d.l. del decreto, in relazione alla possibilità dei coniugi di stipulare una convenzione di negoziazione, in questo caso necessariamente con l'assistenza di almeno un avvocato per parte (200), al fine di raggiungere una soluzione consensuale in ordine alla separazione personale, alla cessazione degli effetti civili o allo scioglimento del matrimonio nei casi di cui all'articolo 3, comma 1°, n. 2), lett. b), l. div. (ossia nell'ipotesi di divorzio dopo che siano trascorsi tre anni dalla separazione), nonché – infine – in relazione alla modifica delle condizioni della separazione o del divorzio (201).

La procedura di negoziazione in queste particolari materie – che possono coinvolgere *status* e diritti un tempo ritenuti indisponibili (202) – segue innanzitutto le regole di cui agli artt. 2

---

(200) Per tale conclusione, già prima delle modifiche apportate dalla legge di conversione (che ora non lascia peraltro dubbi al riguardo), v. F. DANOVI, *Il d.l. n. 132/2014: le novità in tema di separazione e divorzio*, cit., p. 951.

(201) La relativa disciplina è già operante, in quanto entrata in vigore il 13 settembre 2014, anche se alcune disposizioni sono state modificate con la legge di conversione n. 162/2014: sul testo originario della normativa, v. S. IZZO, *Decreto legge 12 settembre 2014, n. 132*, cit., p. 6 s.

(202) In proposito, v. le perplessità di C. PUNZI, *La c.d. «degiurisdizionalizzazione» della giustizia civile*, cit., § 4.3, il quale rileva come in tali ipotesi, nell'ambito del processo, è imposta la partecipazione obbligatoria del pubblico ministero ai sensi dell'art. 70 cod. proc. civ.; cfr. anche D. BORGHESI, *La delocalizzazione del contenzioso civile: sulla giustizia sventola bandiera bianca?*, cit., p. 19 s., secondo il quale viene superato «il tabù dell'assoluta intangibilità dei diritti indisponibili», con contestuale affidamento ai difensori – come vedremo meglio *infra* nel testo – di funzioni *lato sensu* pubblicistiche al fine di garantire la legalità dell'accordo, a cui si aggiungono i poteri di controllo affidati al pubblico ministero.

ss. del decreto (203), in quanto compatibili. Sono tuttavia previste alcune norme particolari, oltre a quella – già vista – della necessità dell'assistenza di un avvocato per parte, che prevedono una forma di controllo pubblicistico dell'accordo raggiunto dai coniugi, sia pure non più affidato al giudice.

Nell'eventuale accordo di componimento raggiunto a seguito della negoziazione assistita, occorre dare atto che gli avvocati hanno tentato di conciliare le parti e che le hanno informate della possibilità di esperire la mediazione familiare (204); e inoltre, che gli avvocati hanno altresì informato le parti dell'importanza per il minore di trascorrere tempi adeguati con ciascuno dei genitori.

L'accordo raggiunto, a seguito di nullaosta o di autorizzazione del pubblico ministero, ossia del procuratore della Repubblica presso il tribunale competente, può sostituire gli effetti della sentenza di separazione o divorzio, ovvero del decreto di modificazione delle relative condizioni, secondo due procedimenti distinti, a seconda che la coppia di coniugi abbia o meno figli minori, figli maggiorenni incapaci o portatori di handicap

---

(203) In proposito, v. S. IZZO, *Legge 10 novembre 2014, n. 162*, cit., p. 7, la quale però ritiene non applicabile la norma di cui all'art. 4 del decreto, relativa alla mancata accettazione dell'invito a negoziare; tale esclusione non appare però condivisibile, posto che anche nei giudizi di separazione e divorzio, nonché in quelli relativi alla modifica delle relative condizioni, possono aver luogo tanto la compensazione delle spese ai sensi dell'art. 92 cod. proc. civ., quanto le condanne di cui all'art. 96 cod. proc. civ.

Condivisibile appare invece l'esclusione dell'art. l'art. 5 del decreto, relativo all'esecutività dell'accordo, in ragione della speciale disciplina sugli effetti dell'accordo in materia di «crisi coniugale» previste dall'art. 6, comma 3°, del decreto: v. F. DANOVI, *Il d.l. n. 132/2014: le novità in tema di separazione e divorzio*, cit., p. 950 ss.

(204) Sull'istituto della mediazione familiare, v. G. IMPAGNATIELLO, *La mediazione familiare nel tempo della «mediazione finalizzata alla conciliazione» civile e commerciale*, in *Fam. e dir.*, 2011, p. 525 ss.; F. TOMMASEO, *Mediazione familiare e processo civile*, in *Fam. e dir.*, 2012, p. 831 ss.; G. MORANI, *La mediazione familiare*, in *Dir. famiglia*, 2012, p. 1322 ss.

grave ai sensi dell'art. 3, comma 3°, l. 5 febbraio 1992, n. 104, ovvero economicamente non autosufficienti.

Nel secondo caso, ossia in mancanza di figli con tali qualità, l'accordo raggiunto a seguito di convenzione di negoziazione assistita è trasmesso dagli avvocati, entro il termine di dieci giorni, al procuratore della Repubblica presso il tribunale competente, il quale, quando non ravvisa irregolarità, comunica agli avvocati il *nullaosta* per gli adempimenti successivi di cui all'art. 6, comma 3°, del decreto (205). Siffatto controllo del pubblico ministero appare dunque limitato alla verifica dei presupposti per la separazione o il divorzio, senza però la possibilità di sindacare nel merito il contenuto dell'accordo raggiunto fra le parti.

A seguito della comunicazione del nullaosta, gli avvocati delle parti sono quindi obbligati a trasmettere all'ufficiale dello stato civile del comune in cui il matrimonio fu iscritto o trascritto, copia, autenticata dell'accordo (206), munito delle certificazioni di cui all'art. 5 del decreto (attestazione della non contrarietà a norme imperative e all'ordine pubblico), entro il termine di dieci giorni decorrenti dal ricevimento del nullaosta

---

(205) Secondo D. BORGHESI, *La delocalizzazione del contenzioso civile: sulla giustizia sventola bandiera bianca?*, cit., p. 19, «il diniego del nulla osta opposto dal procuratore della repubblica chiude la procedura di negoziazione assistita».

(206) A proposito delle modalità di «trasmissione», il legislatore non fornisce chiarimenti: secondo F. DANOVI, *Il d.l. n. 132/2014: le novità in tema di separazione e divorzio*, cit., p. 951, sarebbe preferibile ricorrere ad una notificazione formale per «intuibili esigenze di certezza», con esclusione quindi della posta elettronica certificata e della comunicazione a mezzo raccomandata con ricevuta di ritorno.

del pubblico ministero (207), sotto pena di sanzione pecuniaria, che opera tanto per l'omissione quanto per il ritardo (208).

L'accordo così raggiunto a seguito della convenzione viene quindi trascritto negli atti dello stato civile (209) e produce gli effetti dei provvedimenti giudiziali che definiscono i procedimenti di separazione personale, di cessazione degli effetti civili o di scioglimento del matrimonio, nonché di modifica delle condizioni della separazione o del divorzio (210).

---

(207) In proposito, v. S. IZZO, *Legge 10 novembre 2014, n. 162*, cit., p. 8, la quale critica la scelta adottata dal legislatore del necessario controllo di regolarità a cura del pubblico ministero, tenuto conto che non sono previsti termini a carico di quest'ultimo.

(208) Ai sensi dell'art. 6, comma 4°, d.l. n. 132/2014, all'avvocato che viola tale obbligo è applicata la sanzione amministrativa pecuniaria da 2.000 a 10.000 euro: per l'irrogazione di tale sanzione è competente il comune in cui devono essere eseguite le annotazioni previste dall'art. 69 d.p.r. 3 novembre 2000, n. 396. In proposito, v. F. DANOVI, *Il d.l. n. 132/2014: le novità in tema di separazione e divorzio*, cit., p. 952.

(209) In considerazione della possibilità dell'accordo di separazione o di divorzio di «far luogo» alla sentenza, sono state conseguentemente modificate le norme contenute negli artt. 49, 63 e 69 d.p.r. 3 novembre 2000, n. 396, che adesso contemplano la possibilità di trascrivere negli archivi istituiti presso lo stato civile, negli atti di matrimonio e negli atti di nascita gli accordi raggiunti a seguito di convenzione di negoziazione assistita da uno o più avvocati, conclusi tra coniugi al fine di raggiungere una soluzione consensuale di cessazione degli effetti civili o di scioglimento del matrimonio, nonché – quando applicabile – di modifica delle condizioni della separazione o del divorzio. Sul punto, v. L. D'AGOSTO, S. CRISCUOLO, *Prime note sulle «misure urgenti di degiurisdizionalizzazione e altri interventi per la definizione dell'arretrato in materia di processo civile»*, cit., p. 12.

(210) In forza della lettera della norma, tali effetti si producono a far data dalla stipulazione dell'accordo, anche se devono ritenersi comunque condizionati all'esito positivo della procedura volta al rilascio del nullaosta e all'esecuzione delle formalità pubblicitarie: in proposito, v. però, con accenni critici, F. DANOVI, *Il d.l. n. 132/2014: le novità in tema di separazione e divorzio*, cit., p. 952, secondo il quale «risulta in qualche modo dirompente consentire la produzione di effetti sullo *status* al semplice accordo concluso per il tramite dell'avvocato e avanti a questo sottoscritto». Tale intenzione del legislatore appare però confermata dall'art. 3 l. div., come modificato

In tal senso, appare dunque che, oltre all'efficacia sostitutiva dell'accertamento giudiziale, all'accordo raggiunto a seguito della negoziazione debbano essere riconosciuti anche gli effetti esecutivi e l'idoneità a valere come titolo per l'iscrizione di ipoteca giudiziale (211). Qualora tale accordo contenga pattuizioni relative a trasferimenti patrimoniali, che in questo contesto sono ammissibili (212), occorrerà però per lo meno la sottoscrizione autenticata dinnanzi al notaio o ad altro pubblico ufficiale a ciò autorizzato, oppure la stipulazione dell'accordo medesimo per atto pubblico.

In presenza di figli minori, di figli maggiorenni incapaci o portatori di handicap grave ovvero economicamente non autosufficienti, l'accordo raggiunto a seguito della convenzione di negoziazione assistita deve sempre essere trasmesso entro il termine di dieci giorni al procuratore della Repubblica presso il tribunale competente, ma in questo caso è soggetto ad *autorizzazione*, che viene concessa soltanto qualora esso sia ritenuto rispondente all'interesse dei figli: vi è dunque, in tale ipotesi, anche un controllo di merito da parte del pubblico ministero competente.

All'accordo autorizzato si applicano gli adempimenti di cui all'art. 6, comma 3°, del decreto, sopra descritti: trasmissione dell'accordo all'ufficiale dello stato civile del comune «compe-

---

dall'art. 12, comma 4°, del decreto, per effetto del quale è oggi stabilito che, ai fine del presupposto per il divorzio dei coniugi, i tre anni decorrenti dalla separazione si computano «dalla data certificata nell'accordo di separazione raggiunto a seguito di convenzione di negoziazione assistita da un avvocato».

(211) Così F. DANOVI, *Il d.l. n. 132/2014: le novità in tema di separazione e divorzio*, cit., p. 952, il quale ritiene altresì che l'accordo sia idoneo, in caso di inadempimento dell'obbligato, per le richieste di garanzia patrimoniale, nonché a consentire l'esecuzione diretta contro il *debitor debitoris*, nei termini di quanto previsto dalla legislazione speciale.

(212) Diversamente da quanto avviene nell'ipotesi in cui l'accordo sulla crisi coniugale sia raggiunto davanti all'ufficiale giudiziario, su cui v. *infra*, § 10.

tente», a cura dei difensori e sotto pena di sanzione pecuniaria, al fine della trascrizione dello stesso negli atti dello stato civile. Anche tale accordo è sostitutivo degli effetti dei corrispondenti provvedimenti giurisdizionali in materia di separazione e divorzio, potendo parimenti essere trascritto negli atti dello stato civile.

Qualora invece, il procuratore della Repubblica ritenga che l'accordo raggiunto fra i coniugi con l'assistenza degli avvocati non risponda all'interesse dei figli, lo trasmette, entro cinque giorni, al presidente del tribunale, che fissa, entro i successivi trenta giorni, la comparizione delle parti e provvede senza ritardo alla trattazione del procedimento. Si ha dunque in questo caso il passaggio, anche senza ulteriore domanda delle parti (213), al procedimento giudiziale per la pronuncia dei provvedimenti di separazione o divorzio, ovvero per la modifica delle relative condizioni (214).

10. – *Accordi sulle «crisi coniugali» davanti all'ufficiale dello stato civile.*

Infine, ai sensi dell'art. 12 del decreto, vi è un'altra possibilità per i coniugi di risolvere la «crisi coniugale»: essi possono infatti concludere direttamente dinnanzi al sindaco, quale ufficiale dello stato civile, un accordo di separazione personale, ovvero di scioglimento o di cessazione degli effetti civili del matrimonio nel caso di cui all'art. 3, comma 1°, n. 2), lett. b), l. div. (divorzio dopo tre anni dalla separazione), o ancora un accordo di modifica delle condizioni della separazione o del divorzio. A differenza di quanto previsto dall'art. 6 del decreto,

---

(213) Sul punto, cfr. D. BORGHESI, *La delocalizzazione del contenzioso civile: sulla giustizia sventola bandiera bianca?*, cit., p. 18.

(214) In proposito, v. C. PUNZI, *La c.d. «degiurisdizionalizzazione» della giustizia civile*, cit., § 4.3, il quale fa salva la possibilità, per il presidente del tribunale, di invitare le parti alla modifica dell'accordo al quale l'autorizzazione del pubblico ministero è stata negata.

questa possibilità è però ammessa solo in mancanza di figli minori, di figli maggiorenni incapaci o portatori di handicap grave o ancora economicamente non autosufficienti.

I coniugi possono rivolgersi, ricorrendo tali condizioni, al sindaco del comune di residenza di uno di loro o del comune presso cui è iscritto o trascritto l'atto di matrimonio (215). Non vi è, in questo caso, l'obbligo di essere assistiti un avvocato, ma la legge precisa che le parti possono farvi ricorso, come è ovvio, in via facoltativa.

L'ufficiale dello stato civile riceve da ciascuna delle parti personalmente la dichiarazione che esse vogliono separarsi, ovvero far cessare gli effetti civili del matrimonio o ancora ottenerne lo scioglimento secondo condizioni tra di esse concordate. Analogamente, le parti possono manifestargli l'intenzione di voler modificare le condizioni della separazione o del divorzio.

L'atto contenente l'accordo – che non può però includere patti di trasferimento patrimoniale (216) – è quindi compilato e sottoscritto immediatamente dopo il ricevimento delle dichiarazioni rese davanti al sindaco (217). Anche in questo caso,

---

(215) L'aggancio alla residenza di uno dei coniugi e l'esistenza di una pluralità di comuni «competenti» in materia potrebbero comportare pratiche poco edificanti di *«forum shopping»*: in proposito, v. F. DANOVI, *Il d.l. n. 132/2014: le novità in tema di separazione e divorzio*, cit., p. 954.

(216) Da intendersi come patti di trasferimento immobiliare, nonostante la non felicissima formulazione della norma, che potrebbe essere interpretata anche nel senso di escludere qualsiasi trasferimento di denaro, financo relativo all'assegno di mantenimento (il che, però, non si concilia con la possibilità di disporre la modifica delle condizioni della separazione o del divorzio che, per gran parte, sarebbe altrimenti priva di significato). Sul punto, v. F. DANOVI, *Il d.l. n. 132/2014: le novità in tema di separazione e divorzio*, cit., p. 954, il quale rileva inoltre come siffatta interpretazione finirebbe per limitare l'istituto alle sole separazioni e ai soli divorzi tra coniugi autosufficienti o che comunque si dichiarano tali.

(217) In proposito, v. ancora F. DANOVI, *Il d.l. n. 132/2014: le novità in tema di separazione e divorzio*, cit., p. 953, il quale precisa che l'intesa raggiunta dai coniugi prima di recarsi presso la casa comunale «è priva di qualsiasi

l'accordo tiene luogo dei provvedimenti giudiziali che definiscono i procedimenti di separazione personale, di cessazione degli effetti civili o di scioglimento del matrimonio, ovvero di modifica delle condizioni della separazione o del divorzio.

Tuttavia, nei casi di separazione personale, ovvero di cessazione degli effetti civili o di scioglimento del matrimonio secondo condizioni concordate, l'ufficiale dello stato civile, quando riceve le dichiarazioni dei coniugi, li invita a comparire di nuovo di fronte a sé, a distanza di tempo di almeno trenta giorni, per la conferma dell'accordo.

Solo a seguito della conferma dei coniugi in seconda comparizione, l'ufficiale dello stato civile procede ad eseguire gli adempimenti di cui all'art. 12, comma 5°, del decreto, ossia a compiere la trascrizione inerenti alla modifica dello *status* negli atti dello stato civile (218). In tal caso, dunque, la mancata comparizione equivale a mancata conferma dell'accordo.

Occorre infine precisare che la seconda convocazione dei coniugi non è necessaria nel caso in cui gli stessi chiedano soltanto la modificazione delle condizioni della separazione o del divorzio, sempre in assenza di figli minori, di figli maggiorenni

---

rilievo perché il rappresentante dello Stato è da ritenere a tutti gli effetti parte del procedimento e la sua presenza costituisce una *conditio juris* di efficacia ineludibile».

(218) Anche in questa ipotesi, e sempre in considerazione della possibilità dell'accordo di separazione o di divorzio di «far luogo» alla sentenza, sono state modificate le norme contenute negli artt. 49, 63 e 69 d.p.r. 3 novembre 2000, n. 396, che adesso contemplano la possibilità di trascrivere negli archivi dello stato civile, negli atti di matrimonio e negli atti di nascita gli accordi di separazione personale, di scioglimento o di cessazione degli effetti civili del matrimonio ricevuti dall'ufficiale dello stato civile, nonché – quando applicabile – di modifica delle condizioni della separazione o del divorzio. In proposito, v. L. D'AGOSTO, S. CRISCUOLO, *Prime note sulle «misure urgenti di degiurisdizionalizzazione e altri interventi per la definizione dell'arretrato in materia di processo civile»*, cit., p. 22.

incapaci o portatori di handicap grave ovvero economicamente non autosufficienti (219).

Ne segue in conclusione che, nei limiti e alle condizioni di cui all'art. 12 del decreto, la materia della separazione e del divorzio diventa passibile di accordo diretto delle parti, salvo il «controllo» del sindaco quale ufficiale dello stato civile, il cui contenuto non è però affatto chiaro (220).

Quanto alla disciplina transitoria speciale, le disposizioni di cui all'art. 12 del decreto si applicano a decorrere dal trentesimo giorno successivo all'entrata in vigore della legge di conversione, ossia a far data dal giorno 11 dicembre 2014.

---

(219) S. IZZO, *Legge 10 novembre 2014, n. 162*, cit., p. 10.
(220) Esclude qualsiasi potere di controllo del sindaco sul contenuto dell'accordo, S. IZZO, *Legge 10 novembre 2014, n. 162*, cit., p. 8, la quale rileva come il sindaco si limiti a ricevere le dichiarazioni delle parti, salvo rinviarle per una seconda convocazione nel solo caso di separazione e divorzio. Secondo F. DANOVI, *Il d.l. n. 132/2014: le novità in tema di separazione e divorzio*, cit., p. 953 s., il controllo del sindaco riguarda, oltre ai dati formali (dati anagrafici dei coniugi), anche la verifica dei presupposti per la valida stipulazione dell'accordo di cui all'art. 12 d.l. n. 132/2014, ossia l'assenza di figli minori, di figli maggiorenni incapaci o portatori di handicap grave ovvero economicamente non autosufficienti (a quest'ultimo riguardo, non mi pare peraltro escluso che il sindaco possa richiedere anche una dichiarazione sostitutiva dell'atto di notorietà); nondimeno, il controllo dovrebbe estendersi ai presupposti del divorzio, quale il decorso del tempo a seguito della separazione.

www.ingramcontent.com/pod-product-compliance
Lightning Source LLC
Chambersburg PA
CBHW072211170526
45158CB00002BA/553